教改实验荟萃

彭明达签

普通高中“学习中心式”课堂教学实践探索

李丽云　曲培波　费守美　编著

山东大学出版社
SHANDONG UNIVERSITY PRESS
·济南·

图书在版编目(CIP)数据

普通高中"学习中心式"课堂教学实践探索 / 李丽云,曲培波,费守美编著.—济南:山东大学出版社,2021.6

("教改实验荟萃"系列/姜晓波主编)

ISBN 978-7-5607-6833-5

Ⅰ. ①普… Ⅱ. ①李… ②曲… ③费… Ⅲ. ①课堂教学—教学研究—高中 Ⅳ. ①G632.421

中国版本图书馆 CIP 数据核字(2021)第 214119 号

策划编辑 秦大忠
责任编辑 李昭辉
封面设计 滕正辉

出版发行 山东大学出版社
社　　址 山东省济南市山大南路 20 号
邮政编码 250100
发行热线 (0531)88363008
经　　销 新华书店
印　　刷 济南华林彩印有限公司
规　　格 720 毫米×1000 毫米 1/16
　　　　 13.25 印张 224 千字
版　　次 2021 年 6 月第 1 版
印　　次 2021 年 6 月第 1 次印刷
定　　价 48.00 元

前　言

当下，我国正处于一个"百年未有之大变局"的新时期，科学技术的发展日新月异，在这种背景下，我国教育改革的发展还存在许多现实的困难。2020年召开的党的十九届五中全会提出，要继续深化教育领域的综合改革，贯彻落实"立德树人"的根本任务，力争实现到2035年建成"文化强国、教育强国、人才强国"的长远目标。作为教育工作者，如何认真贯彻落实会议精神，深化教育教学改革，促进人才培养方式的转变，正是需要我们思考的课题。

山东省烟台市在基础教育教学改革方面一直走在山东省的前列。随着"山东省规范办学行为40条"的全面落实，提升课堂教学效率成了烟台市教育界的一致共识。自2007年起，烟台市教育局开始在全市范围内大力推进中小学"和谐高效思维对话"型课堂建设，突出以学生为中心，崇尚"以人为本"的课堂教学定位，改变了以往"满堂灌""题海战术"等费时低效的课堂痼疾，取得了明显的教学效益。2014年，烟台市的这一成果先后荣获山东省基础教育教学成果一等奖和国家级教学成果二等奖。

近年来，随着国家育人目标新定位的树立，课堂教学的形式与内容也随之发生了变化，新课程、新教材和新高考使得课堂教学改革再掀波澜。为此，烟台多所高中都在积极探索如何转变教与学的模式，激发学生的内在动力。

自2008年以来，牟平一中积极响应烟台市教育局"和谐、高效、思维、对话"的课堂建设思路，并开始了一系列有效的课堂改革探索。在2020年，即山东省新高考改革的第一年，牟平一中异军突起，优生培养取得了丰硕成果，整体发展达到了新的高度，这一切在很大程度上都要归功于牟平一中办学模式的不断创新。通过贯彻"为学生提供适合的课程，使每位学生都成就最好的自己"的教学理念，深入探索"学习中心式"课堂教学模式以及"互联网＋"课堂教学模式，关注学生的课堂参与度、合作学习的有效性、学科素养养成等，牟平一中成功地实现了课堂教学的转型，取得了显著的成效。

当然，从一开始课堂模式改革的"摸着石头过河"，到如今课堂内外改革的全面推进，牟平一中在这一过程中也经历了许多曲折。改革之初，从学校管理层到一线教师，全校坚持"走出去"与"引进来"相结合的理念，对新高考改革和教育信息化的相关政策和理论进行了深入研究，贯彻落实了“学习中心式”课堂教学理念，打破了传统的教育观念，使教师的教学思维发生了翻天覆地的变化。随后，学校又围绕“学习中心式教学”对教师的教学理念、课前备课、课堂授课、集体教研以及“互联网+”课堂进行了全面指导和培训，经过多轮研讨，反复实践，针对三种课型（新授课、复习课、讲评课）的不同特点，打造了适合不同课型的“学习中心”课堂模式，落实了集体教研制度，制定了课堂授课规范标准。与此同时，学校还利用平板电脑（Pad）推行“Pad 课堂”，制定了“智慧课堂”实施细则，开展了教学示范课活动，对优质示范课进行了评选，开创了“以赛促教、互学提升”的良好局面。牟平一中还制定了一系列考评教师育人工作效果的评价体系，并用制度倒逼教师改变传统的教学方法和习惯，以确保改革的有效性。

在牟平一中的课堂上，学生是主角，教师转变成了“幕后导演”，在整个教学过程中，学生会在上课之前独立自主地学习知识点；在课堂上，教师会即时测评并适时解答学生的疑问，让学生共享学习资源，实现对知识点的“顿悟”和“消化”；课后，学生需要完成作业并进行巩固训练和能力提升，教师会随时跟进并时时与学生沟通。整个过程严格落实了“先学后教，以学定教”的理念，教师与学生、学生与学生之间的沟通实现了“零障碍”，实时反馈以及学情数据收集和实时分析贯穿了整个授课过程，个性化智慧学习环境得以构建，真正实现了提高学生的学习效率和提升学生的学习能力的目的。

本书在编写过程中得到了烟台市教育科学研究院的大力支持和悉心指导，在此特表示衷心的感谢。由于编者水平有限，书中错误之处在所难免，在此特敬请广大读者予以批评指正。

李丽云

2021 年 3 月

目　录

第一章　牟平一中"学习中心式"课堂教学概述

教育寄托着人类的希望和社会的期许。当前,面对中华民族实现伟大复兴的宏伟事业,需要培养和造就成千上万的各种人才。基础教育的重要使命就是为创新人才成长打下基础,为此,基础教育工作者必须转变教育观念,探索全新的育人模式,树立正确的人才观、教育观,深化教育创新。课堂教学是基础教育的重点,传统的课堂教学模式被戏称为"满堂灌",早已无法满足当代社会对教育发展的要求。为此,我国在 2014 年开始了新一轮的基础教育改革,中国教育史上最大规模的变革由此拉开了序幕。在这轮基础教育改革中,不仅需要大力改革课程教学,而且需要直面招生考试制度以及教育体制的改革。

一、"学习中心式"课堂教学的价值所在

探索和推进"学习中心式"课堂教学是时代发展的要求,也是不断深化教育改革的要求。

(一)转变课堂教学理念是适应新高考改革的关键一环

在国家大力进行高考全面改革的同时,教育部考试中心结合修订后的课程标准的新要求,创造性地引入了新概念,提出和发布了《中国高考评价体系》。该文件系统地回答了新高考是什么、为什么、怎么考的问题,将传统的"知识立意""能力立意"的高考评估标准转变为"价值引领、素养导向、能力至上、知识为本"的综合评价标准,提出了"一核四层四翼"的总体要求。可以说,中国高考评价体系是新时代高考内容改革的一项基础性工程。为此,不仅要求教师改变过去课堂上"填鸭"、课后"题海"的教学方法,而且还需要采取更多的培养方法和提高学生的学习能力,对各个学科的教师和教学而言,这无疑是个不小的冲击。在新高考改革的形势下,如何适应新高考评价体系的变化、新教材的变化、考试内容的变化和高中生核心素养的培养变化等诸

多问题，是每一位高中一线教师都需要解决的重要难题。

根据传统的“知识立意”“能力立意”的评价标准下，教师要做的只是让有疑问的学生不再有疑问，并教学生在考试中得高分。为此，教师通常采用“填鸭式”的教学方法。久而久之，学生只能沦为被动的知识接收者。实施新课程改革以来，国内教育界掀起了学习研究现代教育理论的热潮，各地的高中也开始探索课堂教学改革之路。我们可以看到，当前很多学校在理念转变和制度方面都取得了一些突破，但受传统教育思想的影响，还有很多学校的课堂改革流于形式。有些教师对学情的了解也不够，使得对学生的课堂提问缺乏思维含量和梯度，虽然偶尔也会提出一些有价值的问题，但处理也是草草了事；还有的教师会组织学生在上课前独立学习，但设计的问题缺乏针对性和挑战性，还是拘泥于教材，使得“反映学情”变成了空谈。从这些实践中可以明显地看出，就我国当前基础教育课程改革的具体操作而言，教师的教学行为和学习方式转变的滞后是制约改革的一大瓶颈。

当然，对课堂教学的任何改革最终都需要教师在课堂上实施，因此，教师教学观念的转变是关键一环。新高考评价体系要求培养创新型、综合型人才，新高考改革下的课堂教学也应释放学生蕴藏的学习潜能，鼓励学生互相学习。对此，教师的教学观念必须完成两大转变：首先，从传授知识转变为培养学生的自学能力。教师应研究教学规律，把握知识本质，不断创新教学方法，创造教学情境，寓教于乐，激发学生的求知欲，引导学生以科学的精神积极观察事物，发现、分析和解决问题，关注学生的思维能力发展，并最终能创造新知。其次，从以教师为中心转变为以学生为中心，教师从课堂上的“演员”变为幕后的“导演”。教师必须了解，教育的最终目标是将学生培养有独立人格的人才，所以课堂的真正主体理应是学生。教师的职责是组织学生学习，而不仅仅是传统意义上的“教学”，对整个教学过程应让学生尽可能地自己思考和掌握。学生需要深度地参与课堂教学过程，享受其中的乐趣，锻炼独立学习能力和培养创新意识。

(二)“学习中心式”课堂教学是信息技术与教育深度融合的要求

当前，随着“互联网+”和人工智能的发展，人类已经进入了一个智能化的社会，教育的面貌自然也与过去完全不同了。2018 年 4 月，教育部发布了《教育信息化 2.0 行动计划》，明确提出要实施“智慧教育创新与发展行动”，这标志着我国的教育信息化工作进入了“2.0 时代”。教育信息化是指在教育(教育管理、教育教学和教育研究)领域全面深入地应用现代信息技术，以促进教育改革与发展的过程。随着教育信息化被纳入国家战略规划，信息化在教育领域的应用已成为当前的一大热点。

大数据的广泛运用在学校生态系统中重构起了一个新的技术生态圈，这一新的技术生态圈所具备的知识传播与教育交往的新特性将为学校生态系统的整体重构带来新的可能，也为促使教育理念和技术的创新与变革带来了新的可能性。新的教育技术手段打破了时空限制，并朝着数字化和智能化的方向延展了教育。从课堂到考试和评价，传统的教学模式已经发生了巨大变化，从学生到一线教师再到学校管理层，它影响了每个人，也使学校更容易构建“以学为中心”的教育，并促进这一教育理念的实现。

传统的课堂教学模式对教师的要求相对简单，只要教师根据教材和课程标准开展教学，讲得生动、清楚，让学生熟练掌握知识即可，其缺点是对学情的把握缺乏针对性，相对较为粗略，个性化指导不容易实施。而在大数据时代，教师的教学必须是个性化的，能够根据不同学生的不同阶段开展特定的教学活动。教师不仅需要具备信息搜索能力、数据整合能力、教学资源组织能力，还需要利用大数据技术进行多样化的教学方法改革，如对学生学业情况的分析和诊断、小组学习、个性化教学等，做到学生和教师的随时随地沟通，创建开放、宽容、愉悦的课堂。大数据分析及应用提供了实现数据驱动的精准教学的可能性，强调了学生在课堂上的主体地位，在活跃课堂气氛、提高课堂教学效率和落实学科核心素养等方面发挥着重要的作用。

同样，在传统的课堂教学中，教师对学生的了解主要都是通过平时的考试或者随堂测验来进行的，这种了解的效果往往较为单一，而且并不十分准确。但在信息时代，教师可以利用大数据技术提取和分析学生的实际学习情况。例如，使用网上阅卷系统进行测试数据统计，特别是针对客观题的测试数据统计，可以统计出选择每个选项的人员与人数，准确计算出错题率，然后有针对性地开展辅导；同时，教师也可以利用网络技术对学生的兴趣点和薄弱点进行准确的判断，使他们的教学活动与学生的学习需求高度契合，突出教学的针对性。

智慧教育的时代始于智慧课堂。一个有智慧的教师必须要有信息化意识，促进教育教学与信息技术的有效结合，依托信息技术打破教室空间的界限，延伸课堂的时间、空间，改进教学方法，拓展学生学习的广度和深度，真正使师生、生生互动做到无障碍，让师生形成合力，使学生真正实现独立学习，最大限度地发挥学生学习的主动性和能动性，高效达成学习目标，同时也培养了学生的语言表达能力、学习思维能力、团结合作能力和社会交往能力。

二、牟平一中“学习中心式”课堂教学模式的探索历程

2004 年，山东省开始实施新的课程改革，各地高中都开始了漫长而艰辛的探索。2008 年，牟平一中借助烟台市教育局“和谐、高效、思维、对话”型课堂建设的东风，本着“让每位学生成就最优秀的自己”的教学理念，开展了对高效课堂改革的系列探索。

经过深入地研究探索，2008 年 9 月，牟平一中创建实施了“高中生选层次走班教学模式”，并逐步建立了“以学生为主体，先学后教，以学定教”的高效课堂模式，研讨了三种课型（新授课、复习课、讲评课）的授课模式，并打造了以“读、研、点、练、悟”为要点的基本课堂教学套路，改变了传统课堂上学生被动接受的状态，转变为培养学生独立学习和协作探究的能力。从 2011 年开始，牟平一中继续深化高效课堂建设，推行了目标导向教学，要求在课堂教学中必须确定具体化、可操作化的学习目标，真正落实三维目标要求。从 2012 年开始，牟平一中重点落实“诊断学生需求案例”，强化课堂生成问题的解决。2014 年，牟平一中开始全面推行“导学案”的使用，基本确立了“学习中心式”课堂教学模式。简而言之，这一课堂教学模式是在总结国内外课堂教学研究成果及学校多年来课堂教学改革经验的基础上，深入研究当前课堂教学中出现的各类问题和把握学生在学习中的实际情况后提出的。

建构主义者认为，学生必须自己建构自己的学习过程，任何人不能代替。因为每个人对客观世界的理解都是由自己的经验和习惯决定的，每个人的经验各不相同，因此每个人的客观世界也不相同。此外，建构主义者还强调，由于学生是根据以往的经验学习新知识，所以教师不仅要考虑传授知识的方式方法，而且要研究学生的阅历经验，准确把握学情，寻找适合学生的学习方法，以便更好地帮助学生理解知识。此外，在学习方面，建构主义者还鼓励在课堂上进行小组合作学习，进行师生交流和生生交流。

为了更好地适应社会发展对人才的需求和新高考的要求，牟平一中加快了深化课堂教学改革的步伐。自 2019 年开始，牟平一中全体教师集体深入学习《学习中心教学论》一书，定期交流读书心得。在此基础上，学校邀请国内课程与教学论的权威专家、华中师范大学陈佑清教授定期为全体教师授课，指导如何将“学习中心式”的教育理念真正应用于课堂教学实践。《学习

中心教学论》一书主要是对“学习中心式”教学的一些基本问题进行了全面论证和阐释，包括对国内外“学习中心式”教学思想理论与实践的相关介绍，针对当前中国教育改革大背景下“学习中心式”教学的建构，阐述其特质及教学组织过程，指出其在实践发展中的问题和应对策略等。

“学习中心式”课堂强调，在完整的教学活动中，应该以学生的自主能动性学习作为教学的本体和中心，让学生的独立学习和合作学习成为主要的学习方式。教师的“教”只是一种手段，当然这不是说教师不教，而是教的方式要调整。

对此，牟平一中提出的“学习中心式”课堂教学模式指的是以建构主义和学习中心教学论等理论为指导，根据高考评价体系及各学科核心素养的要求，以学案等为载体，以问题导向、师生互动、小组合作、深度学习等为原则，实现了课堂一体化的教学模式。这种模式的关注点在教师采用科学的方法和理论指导学生学习的全过程，这不仅提高了学生的学习能力，尊重不同学生的差异，理解学生的个性，也注重了对学生学科素养的培养。

在推进这种教学模式的过程中，还需要借助于先进的教育技术手段。《国家中长期教育改革和发展规划纲要(2010～2020 年)》明确指出，信息技术对教育的发展具有革命性的影响，对此必须予以高度的重视。一些教育发达地区多年前就在实施教育信息化方面进行了一些有益的实践与探索。随着“互联网＋”作为国家战略被提出，信息技术在基础教育领域中的应用逐渐增多，一批批先进学校率先进入了“教育云”时代，纷纷创建了“智慧校园”，并在课堂教学上实现了“翻转课堂”。

“互联网＋”课堂教学要求根据智能化技术手段(教师信息化授课、学生网络上课、网上阅卷等)精准把握学情，在此基础上进行有目标地推送拓展资源，通过个性化指导和有效的课堂互动，每位教师都可以精准把握第一手学情，及时了解学生的问题，进行有针对性的点评和辅导，既有利于高效突破重点、难点，又有利于和谐师生关系的构建。

近年来，牟平一中为适应现代教育信息化发展的趋势，有效提高课堂效率，自 2017 级开始，率先在 5 个优班尝试使用平板电脑授课，为学生搭建了良好的教育技术平台，探索提升教学效率的新方式。随后，学校又在 2018 级、2019 级、2020 级全面推广平板电脑，学校的智慧课堂经历了“专家评估→班级试点→年级试点→全校推广”的过程，在推广过程中，教师不断学习、归纳成功的教学案例，总结推广成功的经验。2019 年，为继续深化课堂改革，学校率先在烟台全市实现了无线网络校园全覆盖,为"智慧校园"的建设工作奠定了基础。

通过这一系列举措,牟平一中的教学质量获得了稳步提升,信息化教学成效显著,这些都是基于小班教学、"学习中心式"课堂和"互联网+"课堂教学改革三者融合的成果,它们不仅打破了传统的课堂结构,拓展了课堂的深度和广度,而且契合了新高考改革的要求,切实培养了学生的能力。实践证明,牟平一中的智慧课堂建设在培养学生的自主学习能力、质疑能力、学科思维能力、合作探究能力等方面都取得了不错的成效,广大教师一直在实践中探索,在课题研究中提高,将课堂研究不断向精细化、高效化推进。

三、"学习中心式"课堂教学模式的活动原则和主要环节

下面,笔者将对"学习中心式"课堂教学模式的活动原则和主要环节进行简要介绍。

(一)"学习中心式"课堂教学模式的活动原则

1.问题导向原则

问题导向是指要发挥学生的主动性,使学生能够在真实的问题环境中通过独立思考、小组合作等多种方式,达到自主学习、提升能力和解决问题的目的。所以,问题的设置至关重要。在课堂上,科学高效的问题设置是新课程改革的切入点,一个有效的问题可以更好地激发学生的好奇心、思维力和创新力,引导学生进行深度思考,激发他们思考的积极性。这就要求教师在课前、课中、课后都必须对学生的最近发展区、学习心理和思维特点进行深入了解,设置有梯度、有层次的问题,引导学生通过教师设置的问题循序渐进地进行思考、理解,进而掌握知识,提高学科素养。另外,教师也必须具有面对问题的意识,以便他们在课堂上遇到生成性问题时,可以有效地利用已生成的资源,正确地了解实际情境,并通过科学合理的问题,及时调整课堂方向,引导学生进行独立和协作的探究,并及时对学生的合理回答给予肯定,鼓励学生质疑、发散思考和自主归纳整合。

传统的问题设计主体是教师,而"学习中心式"课堂教学还可以让学生在课前预习时提出问题;在课上小组学习时,大家相互研讨,提出本组的问题;在课后通过自我总结归纳,自由提出对本课的疑问。这一过程不仅可以激发学生的好奇心,有效地培养学生的独立学习能力、思考问题和应用知识的能力,而且可以促进学生间深度参与和团结协作的能力。

2.师生互动原则

师生互动是指师生在课前、课中、课后通过语言、目光甚至情感与学生进行交流。在"学习中心式"课堂教学模式中，借助于平板电脑，课堂不再是传统的课堂，教室更加开放，课堂活动也更加开放，打破了时空界限，教师与学生之间、学生与学生之间的沟通与交流更加立体化，这种互动使学生能够增加他们在单位时间里的学习产出，个性化成长将得到充分地体现。此外，通过精心安排的课堂互动，学生可以感受到教师的敬业精神，师生之间的互动也变成了心的交流和爱的传递。

"学习中心式"教学模式要求准确定位师生角色，教师不仅是"解惑人"，更是学生自主学习的"引路人"；学生是课堂的主体，而且是在不断变化着的。学生的学习过程指的是教师的"教"与学生的"学"两部分相互作用的动态过程，教师和学生在平等的基础上分享思想成果，共同促进、共同成长。只有通过宽容互助的师生关系和生生关系，整个课堂教学才能达到相互促进、共同提高的效果。

3.小组合作原则

小组合作是指在课堂上，通过组织情境体验、实验操作和其他方式，让学生与学生之间进行交流、分享与合作，从而发现并解决问题的过程，目的是使学生敢于合作，并愿意在真实的学习与探究过程中合作，从而学会合作。这种学习方式有个人独立学习所不可比拟的优越性，这也是"学习中心式"课堂必备的学习模式之一，它突出了学生的主角地位，教师转变成"导演"和"观众"。教师应该关注小组合作时学生是如何围绕学习目标和任务与组内同学展开学习的，并研判合作学习的有效性，有意识地关注那些学习能力较弱的学生是否真正参与到了小组学习当中，并获得学习体验和成长。开展小组合作时，从最初的创建到课中的实施，再到后续的评价，教师需要做到公平公正，把控操作的可行性与评价的有效性，并能从小组互动中判断全体学生在课堂上的目标达成情况和课堂参与情况。学生在这一过程中也能更好地理解现代交流方式，能够学会倾听，增强规则意识，为未来走入社会铺平道路。

4.深度学习原则

当前，在党的"立德树人"这一教育根本任务的指引下，牟平一中在注重夯实学生的基础知识的同时，更关注学生的未来成长，促进其核心素养的不断提高。而深度学习是培养学科素养的有效途径之一，其要求教师不断深化课堂教学研究，加深自身对教学的理解，在教学实践过程中充分了解学生的最近发展区,尊重其认知规律,由浅入深地引导学生,让学生循序渐进地在理解知识基本概念的基础上提升知识应用能力,并在实践中加以锻炼。在问题导向下,让学生开展大量丰富的学习活动并进行深度思考和参与,在这一过程中,学生不仅对知识有了更深刻的理解,而且也拓展了他们的思维空间、理解能力和迁移能力。知识应用能力的提高过程就是学生将已经理解的抽象知识逐渐转化成实践能力的过程,这是对学生深度学习能力的检验,也是学生的深度学习思维的发展过程。

(二)"学习中心式"课堂教学模式的主要环节

1.一次备课环节

在这一环节,教师需要在研究课程标准和高考评价体系的基础上,充分把握学情,设计课前一次自主预习导学案,课前通过平板电脑推送给学生,体现"先学后教,以学定教"的理念。导学案的内容包括问题导入环节(借助平板电脑的优势,通过一段有趣的情景材料导入本课,当然形式必须多样,如小故事、名言、小视频等,目的是辅助课堂,突出学科素养)和分解学习目标阐述(这一目标要体现活动方式、手段,学生达成的预期目标,目标的达成既体现了知识、能力方面,又包括学科素养等方面)。

在具体内容上,倡导开展议题式教学,设置总议题与分议题,每个议题都要设计自主预习,即通过情景材料或拓展素材,设置有梯度的问题,让学生自主预习本部分知识,而问题的设计必须要体现学科素养。还要设计自我验收环节,如根据各学科特点设置选择题、填空题或材料题,目的是验收学生对本部分知识的预习及掌握程度。设计总结归纳环节,让学生自主地对本部分知识进行概括与梳理。最后,一定要有"学贵有疑"环节,主要是针对本部分预习内容,让学生提出自己的疑问。在上述过程中要充分利用平板电脑这一学习工具,设置讨论区,开展师生讨论和生生讨论。

利用信息化手段,可以让学生突破时空的限制,在教师导学案的引领下观看微课视频,做检测试题,查看相关素材并参与讨论,按照自己的节奏有效地开展自主学习,实现知识的传递。

2.二次备课环节

这一环节主要分课前与课中两部分,通过一次导学案,学生能够有效预习所要学习的知识,发现问题并及时反馈;而教师可以根据学生反馈的情况及时了解问题,展开二次备课,设计二次备课导学案,辅助课堂教学,具体内容包括分解学习目标的呈现(如根据学生预习的反馈,通过某种活动方式、手段，解决本部分的疑难问题，达成什么知识、能力或者学科素养的目标）和问题呈现（问题呈现的形式可以是学生在平板电脑讨论区的截图，也可以是学生在"学贵有疑"环节中发出的疑问等）。此外，还要有合作探究环节，而在二次导学案上需要设计小组活动软工具，包括中心议题、自我观点、小组成员讨论要点、总结要点、归纳等环节。还可以根据各学科的特点，设置错题再练、拓展提升等环节，帮助学生从本质上理解知识并应用，培养学生的基本学科素养。

教师的课堂备课要根据二次导学案的内容，安排课堂环节，主要通过学生的展示交流、合作探究、检测提升、实验实践等教学活动，实现知识的内化，同时培养学生的品格与能力。其中，特别要强调的是最后一个环节，应是情感的提升过程，可以通过实践活动或者分享故事、心得等方式让学生对本节课的内容产生情感上的升华。而课堂小结部分可以通过展示预习导学案中学生的优秀小结，让学生自主纠正或者调整自己的课堂小结。

总之，整个课堂教学过程中，教师都要营造积极和谐的课堂氛围，通过关注学生参与的广度、深度，真正做到"以学生为主体，以教师为主导"，既尊重班级整体的学习基础，又充分尊重学生的个性化差异。在课堂上，学生能内化知识、拓展思维，及时检测和反馈；教师能进行有针对性的答疑解惑，突破重点和难点，当堂把控学习成果，实现师生交流的目的。

3.课后拓展训练设计环节

在这一环节，教师既可以根据教学情况设计作业训练，注重培养学生举一反三、触类旁通的能力；又可以通过安排社会实践活动、调查活动或者分享拓展材料并让学生自主完成、及时反馈的形式，全面拓展提升学生的学科素养。

第二章　思想政治学科

第一节　另辟新路终成功　新民主主义革命

——以“新民主主义革命的胜利”为例的教学实践探索

高中阶段是人生最重要的阶段之一，高中的政治课有着无可取代的重要地位。要真正落实高中政治课的根本任务，我们就必须坚持以学生为中心，真正发挥学生的主体地位，让教师充分发挥好“传道、授业、解惑”的作用，做到不缺位更不越位，从而使学生真正在学习知识的同时提高自身的核心素养。本节课将以近代中国实现复兴的进程为主线，让学生在党史学习中了解中国共产党领导新民主主义革命的历程，感悟中华人民共和国成立的伟大意义，树立政治认同感。

从单元教学的地位来看，本课是普通高中教科书统编版《思想政治・必修1・中国特色社会主义》第二课的第一框，回顾了中华民族近代以来走过的路，展示了中华民族和中国的面貌所发生的翻天覆地的变化。通过本课的学习，学生将理解中国为什么选择了社会主义道路，明确社会主义基本制度的确立有何重大意义。

从学科核心素养的角度来看，本课内容为培养学生的政治核心素养提供了丰富的素材，既从党史的角度使学生了解了中国共产党领导新民主主义革命的艰辛历程，又从多角度分析了新民主主义革命胜利的意义，为培养和提高学生的政治认同感提供了充足的素材。

学生在初中已经学习了近代中国历史，了解了关于中国革命的相关历史知识，具备了相关的史实背景，但是大多停留在较为粗浅的认识层面，缺乏理论层面的分析。另外,15～16 岁的高一学生大多求知欲很强且参与度很高,容易在学习中培养分析比较能力和归纳能力。

一、课前一次自主预习导学案设计

学生在学完本课后应当能够理解并掌握新民主主义革命的性质及特点,理解我国确立社会主义制度的历史必然性,点燃爱国主义情怀,拥护中国共产党,热爱中华民族,自觉维护国家统一和民族团结,维护国家和民族的尊严及利益。

教师用平板电脑推送纪录片《复兴之路》的第二集——《峥嵘岁月》视频节选进行问题导入。本部分的设计意图是通过给学生推送视频《复兴之路》的节选,一方面引燃学生的探究兴趣,另一方面从感性认识的角度引导学生了解近代中国人民探索复兴之路的艰苦历程。

(一)议题一:艰苦的历程——近代中国探索复兴之路

通过让学生观看《复兴之路》的节选视频,了解我国沦为半殖民地半封建社会的历史过程,以及近代中国人民的悲惨处境,从而了解近代中国人民所进行的尝试,知道近代中国人民未能改变悲惨命运的原因,进而理解中国不能选择资本主义道路的原因,坚定"只有社会主义才能救中国"的信念,并完成下面的自主预习:

(1)结合课本第 20 页的探究与分享材料,自主预习课本第 20～21 页,了解近代我国的社会性质是如何发生变化的,体会近代中国人民生活的悲惨处境。

(2)自主预习课本第 20～21 页,了解中国人民近代以后的历史任务;结合拓展素材——《复兴之路》第一集"千年局变"的解说词,阐述近代中国人民进行的各式各样的尝试是否改变了悲惨的命运,以及为什么没能改变,并思考一下从中能得出什么结论。

本部分的设计意图是让学生结合史实自主预习,围绕问题提取材料中的有效信息进行思考,透过现象思考问题的本质,从而理解资本主义道路在近代中国不能走通的原因,进而坚定选择社会主义道路的自信。

完成上述内容后,教师推送下面的习题:

伟大的无产阶级革命家朱德曾说:"辛亥革命已过十年,但清朝的余孽继续当权。列强与诸军阀勾结、掠夺,人民苦不堪言。"这番话从本质上说明了(　　)

A.资本主义道路在中国行不通

B.我国近代的民族资产阶级太过弱小，未能领导中国革命取得胜利

C.中国的封建势力与帝国主义相勾结

D.中国半殖民地半封建社会的性质并没有发生改变

教师让学生构建思维导图，梳理近代中国人民进行各种尝试和斗争的原因、经过和结果，并挖掘其本质。结合本部分预习内容，学生提出自己仍存在的疑问，并在平板电脑上的“本课讨论区”提交问题；同时可查看其他同学提出的问题，并至少帮助两位同学答疑解惑。

本部分的设计意图是让学生预习完本部分知识，可以提出自己在预习过程中存在的疑问，通过生生互助，既能对已预习内容进行思考顿悟，又能调用已预习知识帮助别人解答疑问。若学生可以解答别人提出的疑问，则无疑表明学生对此知识已理解并掌握透彻。在获取知识的基础上，又达到了运用知识的目的。

(二)议题二：胜利的征程——新民主主义革命

通过让学生对中国共产党如何带领中国人民通过艰辛努力取得新民主主义革命胜利的历程进行了解，让学生理解中国革命必须分为两个步骤的原因，了解在革命过程中中国共产党人的巨大功绩；明确坚持中国共产党的领导才能完成民主革命的任务，坚定“只有社会主义才能救中国”的信念。对此，教师利用平板电脑推送文章《李大钊与马克思主义的广泛传播》《具有初步共产主义思想的知识分子的成长》和《论中华人民共和国成立的伟大历史意义》，让学生进行下面的自主预习：

(1)预习课本第22页，结合探究与分享材料与推送的拓展素材一的文章，以流程图的形式展示中国进步知识分子是如何了解并传播马克思列宁主义的。

(2)预习课本第23～24页，结合探究与分享材料与推送的拓展素材二的文章，体会五四运动的历史意义，了解中国人民找到中国出路的过程，并且了解中国人民是如何以此取得革命胜利的。

(3)进入新时代，我们庆祝五四运动、大力弘扬“五四精神”有何意义？

(4)结合课本第24页，探究新民主主义革命的领导者、革命基础、反对的对象分别是谁？在民主革命阶段的主要任务是什么？社会革命的主要任务又是什么？

(5)结合课本第24页，结合推送的拓展素材三，探究中华人民共和国成立的意义。

(6)结合课本第 25 页，让学生自主探究在中国革命的过程中，中国共产党人取得了哪些伟大的历史功绩。

本部分的设计意图是让学生在自主预习课本基本知识的基础上，结合推送的拓展阅读素材，围绕问题提取材料中的有效信息进行学习，从而了解中国共产党带领中国人民探索中国民主革命道路的艰辛历程，进而坚定坚持中国共产党领导的信念。

完成自主预习后，教师再引导学生深入思考以下问题：

(1)结合本部分内容，概括在完成近代历史任务的过程中，中国人民进行了哪些探索？(以流程图的方式呈现)

(2)请学生认真填写下面的旧民主主义革命与新民主主义革命、新民主主义革命与社会主义革命的比较表格(见表 2-1 和表 2-2)。

表 2-1　旧民主主义革命与新民主主义革命的比较

<table>
<tr><th colspan="2">项　目</th><th>旧民主主义革命
(1840～1919)</th><th>新民主主义革命
(1919～1949)</th></tr>
<tr><td rowspan="6">不同点</td><td>领导力量</td><td></td><td></td></tr>
<tr><td>革命前途</td><td></td><td></td></tr>
<tr><td>指导思想</td><td></td><td></td></tr>
<tr><td>发动群众的深度和广度</td><td></td><td></td></tr>
<tr><td>革命结果</td><td></td><td></td></tr>
<tr><td>所属的革命阵营</td><td></td><td></td></tr>
<tr><td colspan="2">相同点</td><td colspan="2"></td></tr>
</table>

表 2-2　新民主主义革命与社会主义革命的比较

<table>
<tr><th colspan="2">项　目</th><th>新民主主义革命
(1919～1949)</th><th>社会主义革命
(1953～1956)</th></tr>
<tr><td rowspan="3">不同点</td><td>革命对象</td><td></td><td></td></tr>
<tr><td>革命动力</td><td></td><td></td></tr>
<tr><td>革命性质</td><td></td><td></td></tr>
<tr><td colspan="2">相同点</td><td colspan="2"></td></tr>
</table>

以上问题与表格的设计意图是让学生在自主预习的前提下进行深入思考，对预习的知识进行整合、对比、分析，从而提升对知识的理解。同时，引导学生首先了解五四运动的历史意义，然后思考其时代意义，提升学生的政治

认同感及公共参与意识。

完成上述内容后，教师推送下面的知识应用题目：

1.中华人民共和国成立的积极意义主要表现在（　　）

①创造了由旧民主主义向新民主主义过渡的前提条件

②从根本上改变了中国社会发展的方向

③展示了实现国家富强、民族复兴的美好前景，指明了现实道路

④奠定了我国全面建设社会主义的坚实基础

A.①②　　B.①④　　C.②③　　D.③④

2.新民主主义革命与社会主义革命的关系是（　　）

①前者是后者的必要准备

②后者是前者的必然趋势

③这两个革命阶段相互衔接

④先进行的是社会主义革命，再进行的是新民主主义革命

A.①②④　　B.②③④　　C.①②③　　D.①③④

上述题目的设计意图是利用组合类选择题，考查学生对细节知识的准确掌握和深刻理解，提升学生的科学精神。经过预习，教师让学生构建本课的思维导图，通过理顺主干和关键词，明确本课知识之间的联系，提高对新民主主义革命胜利的艰辛历程的感触，坚定对中国共产党的领导的政治认同感。

二、二次课堂学习导学案设计

教师通过展示近代中国人民的各种尝试和斗争的图片及文字资料，让学生理解近代中国特殊的国情，从而理解特殊国情下的近代中国资本主义道路走不通的原因，进而坚定对社会主义的道路自信。在预习导学案的过程中发现，学生对前面“深入思考”部分第一题“结合所学知识，谈谈近代中国人民各种尝试和斗争为什么没有改变自己的悲惨命运”这个问题的作答，主要是罗列了课本中提到的帝国主义、封建势力、资产阶级三个主体，未从其他主体的角度进行思考和分析。为此，可以让学生自主探究“救国坎坷路”，说一说农民阶级、地主阶级、资产阶级的努力及结果。

教师利用平板电脑推送文章《资本主义道路为什么在中国走不通》，让学生展开合作探究，重读课本上的专家点评及拓展阅读资料，利用小组活动工具，完成下面的表2-3：

表 2-3　近代中国不能选择资本主义道路的原因

中心议题	(1)课本内容是从哪几个主体的角度分析,在近代“双半”社会的中国,不能选择资本主义道路的原因的?如果从主体的角度思考,还有没有其他的主体? (2)如果从内因和外因的角度分析,以上因素可以如何归类? (3)这对今后分析问题有何启示?
小组成员讨论要点	
总结要点	

通过小组合作探究和成果展示,以表格的形式对中国革命的两个步骤进行多方面的对比。学生的填表情况如表 2-4 和表 2-5 所示,空白的部分为学生填写有困难的:

表 2-4　旧民主主义革命与新民主主义革命的比较

项目		旧民主主义革命 (1840～1919)	新民主主义革命 (1919～1949)
不同点	领导力量	资产阶级	无产阶级
	革命前途	建立资产阶级民主共和国	
	指导思想		
	发动群众的深度和广度		
	革命结果		建立了中华人民共和国,完成了民主革命任务
	所属的革命阵营	世界资产阶级革命的一部分	世界无产阶级革命的一部分
相同点			

表 2-5　新民主主义革命与社会主义革命的比较

项目		新民主主义革命 (1919～1949)	社会主义革命 (1953～1956)
不同点	革命对象	帝国主义、封建主义、官僚资本主义	资产阶级统治和资本主义制度
	革命动力		
	革命性质		无产阶级革命
相同点			

教师让每个小组分别查阅关于旧民主主义革命、新民主主义革命和社会主义革命的资料。利用合作探究工具，记录小组成员的查阅结果，并补充、汇总形成小组发言提纲，完成表 2-6。

表 2-6　自主探究查阅结果

中心议题	自己小组探究查阅的中国革命的两个步骤的领导力量、指导思想、革命前途、发动群众的深度和广度、革命结果、所属的革命阵营等
小组成员查阅要点	
总结要点，形成发言提纲	

完成上述内容后，教师再推送下面的巩固提高题目：

下列关于新民主主义革命和社会主义革命的关系的表述中，正确的是(　　)

①新民主主义革命取得了胜利就意味着中国革命即将终结

②新民主主义革命发展的必然趋势是社会主义革命

③社会主义革命可以合并在新民主主义革命阶段完成

④社会主义革命的必要准备是新民主主义革命

A.①④　　B.②③　　C.①③　　D.②④

教师让学生搜索新华网通过调查数据和采访交流获得的资料，绘制出的新时代大学生的精神图谱，对五四运动的时代价值进行思考，提高提取关键信息的能力。对预习导学案中“深入思考”部分的第四题：“现在，我们庆祝五四运动有何时代意义？”学生作答如下：“五四运动对社会进步起了推动作用，为社会进步创造了条件，推动新的革命力量登上了历史舞台。”这表明学生并未理解时代意义的问题指向，缺乏与生活实际相联系的思考。教师可以请学生结合材料，理解“五四精神”永远不过时，思考五四运动的时代价值是什么，可以结合实际谈谈自己的打算。小组汇总本组同学的观点，形成如表 2-7 所示的代表发言提纲。

表 2-7　对“五四精神”的理解

中心议题	(1)五四运动的时代价值是什么 (2)结合实际谈谈自己的打算
小组成员的观点	
总结要点，形成发言提纲	

三、二次备课设计

教师向学生展示《复兴之路》的部分解说词。本部分的设计意图是通过展示《复习之路》的部分解说词，结合课前平板电脑推送的视频，让学生进一步感受近代中国人民的各种尝试和斗争的历程，坚定信仰，提高对“只有社会主义才能救中国”的政治认同感。

（一）议题一：艰辛探索皆无果　旧民主主义革命难救国

教师通过展示近代中国人民的各种尝试和斗争的图片及文字资料，理解近代中国特殊的国情，从而理解特殊国情下的近代中国不能选择资本主义道路的原因，进而坚定对社会主义的道路自信。教师重新利用平板电脑推送文章《资本主义道路为什么在中国走不通》，让学生重读课本上的专家点评及拓展阅读资料，利用小组活动工具，重新完成前面的表 2-3，如表 2-8 所示：

表 2-8　近代中国不能选择资本主义道路的原因

中心议题	(1)课本内容是从哪几个主体的角度分析，在近代“双半”社会的中国不能选择资本主义道路的原因的？如果从主体的角度思考，还有没有其他的主体？ (2)如果从内因和外因的角度分析，以上因素可以如何归类？ (3)这对今后分析问题有何启示？
小组成员讨论要点	不同的阶级主体
总结要点	阶级的不同性质

本部分的设计意图是通过小组成员共同研究推送文章及相关资料，研究三个有思维梯度的问题，最后由小组代表整合、汇总本组观点，形成发言提纲并分享观点。

（二）议题二：另辟新路终成功　新民主主义革命新中国

教师让学生通过小组合作探究、成果展示，以表格的形式，从多方面对旧民主主义革命、新民主主义革命和社会主义革命进行对比。每个小组分别查阅相关的资料，利用合作探究工具，记录小组成员的查阅结果，并补充、汇总形成小组发言提纲，重新完成前面的表 2-6，如表 2-9 所示：

表 2-9　小组成员的查阅结果

中心议题	自己小组探究查阅的中国革命的两个步骤的领导力量、指导思想、革命前途、发动群众的深度和广度、革命结果、所属的革命阵营等
小组成员查阅要点	不同力量对中国革命的领导、指导思想等
总结要点，形成发言提纲	

本部分的设计意图是通过小组成员通力协作，查阅自己小组探究的旧民主主义革命(或新民主主义革命、社会主义革命)的相关项目资料，最后由小组代表整合、汇总本组观点，形成发言提纲并分享观点。

小组代表展示课下自己小组查阅的关于旧民主主义革命、新民主主义革命、社会主义革命的介绍资料。学生结合小组代表介绍的知识，重新修正自己预习中的问题。教师再引导学生进行深入思考：“有人说，中国革命要分成民主革命和社会主义革命两个步骤，这种说法对吗？为什么？”

四、议题三：青春由磨砺出彩　人生因奋斗升华

教师让学生根据新华网通过调查数据和采访交流的资料，绘制出的新时代大学生的精神图谱，能够对五四运动的时代价值进行思考，提高提取关键信息的能力。教师展示新华网通过调查数据和采访交流的资料，绘制出的新时代大学生的精神图谱，请学生结合材料，理解“五四精神”永远不过时，思考五四运动的时代价值是什么，并可以结合实际谈谈自己的打算。小组汇总本组同学的观点，形成如表 2-10 所示的代表发言提纲。

表 2-10　代表发言提纲

中心议题	(1)五四运动的时代价值是什么 (2)结合实际谈谈自己的打算
小组成员观点	五四运动具有意义重大的时代价值，自己要向革命前辈学习等
总结要点，形成发言提纲	

本部分的设计意图是通过小组成员共同研究情境材料，研究两个与生活联系紧密的、有思维梯度的问题，最后由小组代表整合、汇总本组观点，形成发言提纲并分享观点。

完成上述内容后，教师展示习近平总书记在 2020 年的五四青年节前夕对广大青年的深情寄语，号召广大学生在新时代继续弘扬“五四精神”，继续奋斗，为实现“中国梦”而不断奋勇拼搏。然后教师展示学生做的优秀思维导图(见图 2-1)，并请学生分享思路，鼓励同学们结合自己的思维导图分析存在的问题，并思考如何改正。

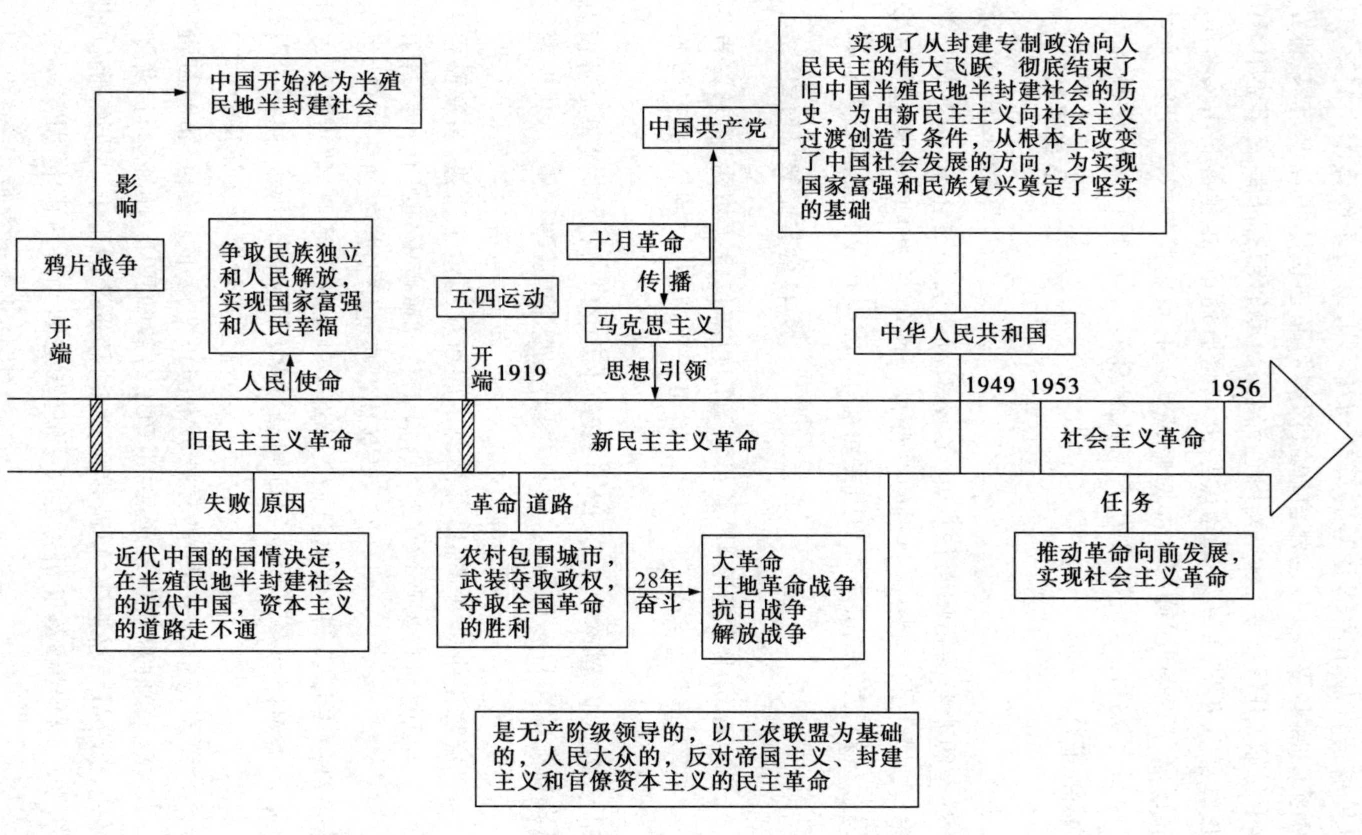

图2-1　优秀思维导图展示

(一)课堂小组合作学习设计

操作流程:小组成员共同研究推送文章及相关资料,研究三个有思维梯度的问题,最后由小组代表整合、汇总本组观点,形成发言提纲并分享观点。

优势:目的明确,小组成员分工协作,合力攻克疑难问题。

呈现效果:聚集了小组成员的集体智慧,代表分享小组观点。

(二)小组成员查阅要点

操作流程:小组成员通力协作,查阅自己小组探究的旧民主主义革命(或新民主主义革命、社会主义革命)的相关项目资料,最后由小组代表整合、汇总本组观点,形成发言提纲并分享观点。

优势:目的明确,小组成员分工协作,合力攻克疑难问题。

呈现效果:聚集了小组成员的集体智慧,代表分享小组观点。

(三)对“五四精神”的理解

操作流程:小组成员共同研究情境材料,研究两个与生活联系紧密的、具有思维梯度的问题,最后由小组代表整合、汇总本组观点,形成发言提纲并分享观点。

优势:目的明确,小组成员分工协作,合力攻克疑难问题。

呈现效果:聚集了小组成员的集体智慧,代表分享小组观点。

五、课后拓展训练设计

教师推送情景材料分析题,让学生运用所学知识,结合材料,分析说明为什么只有社会主义才能救中国。本部分的设计意图是让学生自主完成对拓展资料的分析,在平板电脑上提交答案,并及时反馈仍然存在的疑惑,从而达到学以致用的效果。

六、课后反思

(1)优点:教师设计的二次备课是真正从学情出发,以学习为中心,调整了学习目标。二次备课中设计了有思维梯度的问题,并能结合知识的时代价值,引导学生进行思考,思路新颖。在给学生推送充足的史实背景资料的基础上,让学生发挥主观能动性,自己搜寻相关资料,分工协作,进行小组合作、观点整合,进而对所学知识进行深层次的理解和分析;充分调动了学生的主动性,发挥了学生的主体作用。最后通过让优秀的学生分享思维导图,给学生树立了标杆。通过让思维导图做得不完善的学生分析问题,明确了思维漏洞，对学生在学习之后的知识整合和升华起着重要的作用。

(2)不足：由于课时有限，课堂内小组合作的成果展示之后，学生之间的互评开展得不够充分，思维碰撞之后学生的理解原本可以更深刻。课堂上可以给学生更多的机会，让学生利用自己以前所学的知识和查阅的资料对课本知识进行整合和拓展。

七、专家点评

本节课学情获取全面，真正做到了从学情出发，尊重了学生的认知规律。课堂上以学习为中心，充分尊重学生的主体地位，课堂教学以“问题导入，答疑解惑，合作探究，成果展示，细化落实，深入思考，情感升华，课堂小结”的环节进行，环环紧扣，增强了学生的政治认同感。总而言之，这是一堂符合学生认知规律和“以学习为中心”的理念的好课。

——于福(中学高级教师，牟平一中政治学科资深教研组长)

(山东省牟平第一中学　李宏燕)

第二节　追忆过往　坚定信念　担当责任

——以“社会主义制度在中国的确立”为例

“学习中心式”课堂要充分体现学生的主体地位，核心内容是“为学而教”，即教师在尊重学生需求的基础上，创造各种情境条件，并利用多种教学方式，实现学生的自主学习；对于那些学生通过自主探究就能学会的内容，教师可以不用讲解。

基于“学习中心式”课堂的要求，本课根据学生在一次导学案自学的基础上反馈的问题，编制了二次导学案，用来配合课堂教学，突破重点和难点。教师运用师生互动、生生互动等教学模式，调动学生的探究积极性，让学生碰撞出思维的火花，从而提升学生的学科素养。

本课是普通高中教科书统编版《思想政治·必修1·中国特色社会主义》第二课的第二框，是“只有社会主义才能救中国”的实践证实。本框共安排了以下两目内容：

第一目"最深刻、最伟大的社会变革"剖析了社会主义改造的历史必然性，介绍了过渡时期的总路线、总任务，阐述了社会主义改造的伟大意义。

第二目"在艰辛探索中前进"介绍了中国共产党在探索社会主义建设道路时期经历的各种严重曲折以及取得的一系列历史成就，阐明了这一艰辛探索为开创中国特色社会主义提供了丰富的实践经验和物质基础。

本课教学面向的学生是高一年级新生，他们在初中的学习中就已经具备了一定的历史知识，但这种知识仍然停留在史实本身。高中生正处于由感性认识向理性认识过渡的阶段，教师可以通过情境设置，引导学生对探究的问题展开讨论分析，唤醒学生原有的知识体系，在探究活动中提高运用史实分析问题的能力，在感受社会主义建设的历史进程中坚定走社会主义道路的信心，树立制度自信。

一、课前一次自主预习导学案设计

依据《普通高中思想政治课程标准(2017 年版)》必修一《中国特色社会主义》的内容要求，需要让学生理解新中国确立社会主义制度的历史必然性及意义，阐明中国特色社会主义是中国共产党和中国人民长期奋斗的根本成就。

围绕高考评价体系"立德树人，服务选材，引导教学"的核心考查目的，本课选取了凸显"社会主义改造的意义"和"社会主义建设期间成就"的史实资料，在让学生感受史实的同时，通过一系列数据的展示，进一步让学生认同"只有社会主义才能救中国"这一观点；在认知理解的基础上，达到"立德树人"的目的。

在教学中，引导学生研究材料的整体性，在问题设置上步步为营，环环相扣，层层递进，在注重夯实基础的同时，坚持理论联系实际，提升学生的相关学科素养，在学科工具的使用中设立"开放性问题"一栏，鼓励学生运用发散性思维，创新性地思考并解决问题，以期达到高考"基础性、综合性、应用性、创新性"的"四翼"要求。

上课时，教师先用平板电脑推送"一化三改"的影视资料，了解我国社会主义改造的进程，以及中国在社会主义改造和建设初期取得的成就。本部分的设计意图是依托平板电脑，将抽象的知识变为具体化的内容呈现，让学生直观地感受社会主义改造的进程，了解中国在社会主义改造和建设初期探索道路的伟大成就，感悟只有社会主义才能救中国。

本节课的学习目标如下：

(1)政治认同：通过触摸历史，让学生能通过观察中国在社会主义改造和建设初期的成就，明确中国人民选择走社会主义道路的必然性，领会确立社会主义制度的重大历史意义，感悟只有社会主义才能救中国。

(2)科学精神：挖掘经典，让学生辩证地看待中国在社会主义改造和建设初期的曲折和成就，明确马列主义的基本原理同中国实践相结合的道路是符合中国国情的，从而培养学生用发展的眼光看问题的能力。

(3)公共参与：感悟成就，树立崇高理想，培养学生立足于中国实践，报效国家的爱国情怀，敢于承担社会责任，积极踊跃地投身于社会主义现代化建设的实践中。

(一)议题一：社会主义制度是如何确立的

教师用平板电脑推送“1949年的新中国”在经济、政治等方面的国情介绍，要求学生研读、精读课本，并根据内容圈划关键词。结合情境材料与课本上的相关内容，自主预习以下问题，并完成表2-11。

(1)从新民主主义向社会主义过渡时期的起止时间、总路线和总任务是什么？

(2)思考“一化三改”改造前后所有制性质的变化和改造的实质，工业化与三大改造的关系是什么？

表2-11　预习内容

“一化三改”的内容	
所有制性质的变化	
实质(变革了什么)	
工业化与三大改造的关系	

(3)从新民主主义向社会主义过渡的历史必然性是什么？

(4)我国进入社会主义社会的标志是什么？

(5)社会主义改造的意义是什么？

本部分的设计意图是结合课本基础知识，提供贴切的情境材料，并设置有梯度的问题，环环相扣，符合学生的认知规律与认知水平，有助于学生在情境中由表象到本质，深入思考课本理论，从而锻炼学生解读信息的能力，同时明确中国人民选择社会主义道路的历史必然性，增强政治认同感。完成预习后，教师推送下面的自我验收习题，让学生对题目涉及的相关知识进行总结归纳。

1952 年，党中央在讨论过渡时期的总路线时，毛泽东同志把实现向社会主义转变的设想，由新中国成立之初的"先搞工业化建设再一举过渡"，改变为"建设和改造并举，逐步过渡"。决定我国开展社会主义改造的原因和条件是（　　）

①土地改革已经完成

②国民经济的恢复

③工业化建设取得了伟大成就

④社会主义革命的任务此时已完成

A.①②　　B.②③　　C.③④　　D.①④

教师让学生登录平板电脑讨论区，拍照上传预习的表格内容与选择题答案，并反馈在预习过程中存在的疑问。本部分的设计意图是通过表格及验收习题，及时发现学生在第一次预习过程中存在的问题，以便教师针对学生的疑难点进行二次备课，同时检测学生的预习效果，评估学生解读材料中的有效信息的能力。

完成上述内容后，教师用平板电脑推送"中国在艰辛探索时期"所做的各种努力。结合材料及中国特色社会主义的相关知识，让学生思考中国在艰辛探索时期取得的成就得益于什么？证明了什么？同时完成下面的表 2-12。

表 2-12　中国在艰辛探索时期取得的成就得益于什么

<table>
<tr><td rowspan="2">审设问、明任务</td><td>知识范围</td><td colspan="2">主体</td><td>客体</td><td>题型</td><td>任务要求</td></tr>
<tr><td></td><td colspan="2"></td><td></td><td></td><td></td></tr>
<tr><td rowspan="2">读材料、转信息</td><td colspan="2">提取有效信息</td><td colspan="2">对接课本理论</td><td colspan="2">逻辑思维</td></tr>
<tr><td colspan="2"></td><td colspan="2"></td><td colspan="2"></td></tr>
<tr><td>规范作答</td><td colspan="6"></td></tr>
</table>

本部分的设计意图是通过解读材料，锻炼学生提取材料中的关键信息，调动所学知识解决问题的能力，辅以主观题软件工具提示，解读材料，梳理主

观题做题思路，引导学生的学科思维养成，培养学生报效祖国的爱国情怀。

（二）议题二：如何巩固和发展社会主义

教师让学生阅读课本上的相关内容（注意相关链接），自主探究以下问题：

（1）面对新的历史课题，中国共产党人在探索中总结出了什么指导思想？

（2）中国共产党八大最重要的贡献是什么？相关内容是什么？同时完成表2-13。

表2-13　中国共产党八大最重要的贡献

主要矛盾	
主要（根本）任务	

（3）教师让学生对比情境问题与拓展材料（平板电脑推送），根据课外搜集的资料等，列举中国共产党八大以后到改革开放前我国在经济、社会、文化、民生等领域取得的成就，并谈谈在艰辛探索中取得的成就说明了什么，完成表2-14。

表2-14　我国在艰辛探索中取得的成就

角度	意义	史实
工业		
农业		
基础设施		
民生		
精神面貌		
科技		
其他		
说明了什么		

（4）我国在社会主义建设探索过程中经历了哪些比较严重的挫折？如何认识这一点？本部分的设计意图是让学生以表格的形式整理课本中的零散知识点，从而对知识能有一个直观、清晰的认识，这样有利于帮助学生梳理知

识体系，使知识系统化；另外也有利于促进学生的思维重组，培养学生的综合分析能力。通过分析社会主义建设时期的成就与不足，引导学生学会辩证地分析问题，树立科学精神。

完成上述内容后，教师请学生按照自己的理解，构建思维导图，要求有一定的逻辑思路。本部分的设计意图是：思维导图是培养学生整合性思维的有效工具。通过思维导图的构建，可将人的思路直观地表达出来。思维导图具有简明、系统的特点，符合人类认识发展的规律。利用思维导图构建知识体系，有助于让学生认知核心知识，清晰地把握整体的知识体系，促进对知识的理解与应用，从而构建有效的学习思维框架，有助于提高教学效率。

二、二次课堂学习导学案设计

（一）“三大改造”前后的性质变化和改造的实质

在前面的教学中发现，学生对于“一化”与“三改”的关系及“三改”的实质理解有偏差，不能概括共性，不能透过现象看本质。对此，教师通过“科普小课堂”推送的视频及对应选择题的思维训练，让学生能了解“一化三改”的过程，把握其生产资料所有制改变的实质，并初步掌握选择题的做题思路。问题呈现如图 2-2 所示。

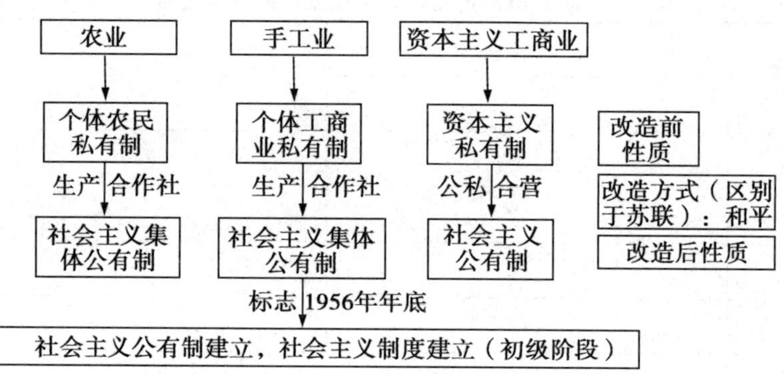

图 2-2　问题呈现

教师再让学生根据平板电脑推送的科普知识，完善表 2-15 的相关内容。

表 2-15　“一化三改”的相关内容

“一化三改”的内容	
“一化”与“三改”的关系	
“三改”前后所有制性质的变化	
“三大改造”的目的	

完成上述内容后，教师再推送下面的对点训练：

下面的表格为“三大改造”前后我国所有制结构的百分比，据表格信息可知，我国(　　)

年份	全国所有制经济	集体所有制经济	公私合营经济	前三项合计	私营经济	个体经济
1952 年	19.1%	1.5%	0.7%	21.3%	6.9%	71.8%
1956 年	32.2%	53.4%	7.3%	92.9%	0.1%	7.0%

A.私有经济已经不存在　　B.工业化目标基本实现

C.社会经济得到不断发展　　D.生产关系已经发生根本变化

(二)感悟、思考社会主义改造胜利的伟大意义

教师通过自主预习及对情境问题的批改，发现学生提取材料中的有效信息、对接知识的能力有所欠缺，主观题做题思路及习惯有待提高，对于“社会主义改造的意义”的理解还浮于表面。为此，可以让学生借助小组学习工具，通过合作探究“1956 年新中国的成就”，引导学生培养良好的做题习惯，提升学生提取材料中的有效信息的能力，培养学生的科学精神，让他们理解从新民主主义向社会主义过渡是最伟大、最深刻的社会变革，增强政治认同感。

在操作中，教师可以让学生借助主观题学习工具，结合材料，根据“社会主义制度在中国的确立”的知识，思考社会主义改造胜利的伟大意义，展开合作探究；结合相关材料，根据“社会主义制度在中国的确立”的知识，思考社会主义改造胜利的伟大意义，完成表 2-16。

表 2-16　合作探究的结果

中心议题	
小组成员观点	
小组讨论结果汇总	
讨论后的反思	

在教学中发现，学生能通过数据直观感受艰辛探索时期社会主义建设的成就，但是对于其原因不能全面把握，提取材料中的有效信息的能力依然欠缺。通过对比两个时期的国情，审读相关材料，在上一主观题的基础上，学生能独立把握取得社会主义建设成就的原因，提升提取材料中的有效信息、运用知识的能力，深刻认识到只有社会主义才能救中国。教师借此引导学生，让学生结合材料及中国特色社会主义的知识，思考中国在艰辛探索时期取得的成就得益于什么？证明了什么？

三、二次备课设计

教师利用材料导入，增强学生的政治认同感，同时也为本节课的开展埋下了伏笔。在材料的引导下，教师让学生明确本节课的三个课堂环节，探究社会主义改造的昨天、今天及明天。

(一)回看走过的路，感受深刻变革

教师通过"科普小课堂"视频的推送及对应选择题的思维训练，让学生了解"一化三改"的过程，把握其生产资料所有制改变的实质，并初步掌握选择题的做题思路。

本部分的设计意图是在预习的基础上，明确学情，针对学生理解有偏差的"三大改造"的实质，通过普及"三大改造"过程的图片资料及选择题的针对训练，让学生明确"三大改造"完成后生产资料所有制由公有变为私有，意味着我国进入了社会主义社会。

(二)比较别人的路，在探索中前进

教师让学生教师让学生感悟、思考社会主义改造胜利的伟大意义，借助小组学习工具，通过合作探究"1956 年新中国的成就"，培养学生良好的做题习惯，提升学生提取材料中的有效信息的能力，培养学生的科学精神，让学生理解从新民主主义向社会主义过渡是最深刻、最伟大的社会变革，增强政治

认同感。

本部分的设计意图是借助小组学习工具，采用小组构建的模式，让组内成员集思广益，锻炼学生合作交流、整合信息的能力，使他们在交流过程中体会合作获得知识的魅力。

(三)远眺前行的路，任重而道远

教师向学生提问："中国在艰辛探索时期取得的成就得益于什么？证明了什么？"通过对比两个时期的国情，审读相关材料，在上一主观题的基础上，让学生能独立把握取得相关成就的原因，提升提取材料中的有效信息、运用知识的能力，深刻认识到只有社会主义才能救中国。

本部分的设计意图是作为拓展引申，主要目的是在上一主观题的基础上，对学生做主观题的思路及运用所学知识解决问题的能力进行巩固训练。在第一次导学案中，学生借助主观题答题工具，对主观题答题思路及材料信息的解读有了初步尝试。在第二次导学案及课堂上，借助小组合作学习工具，小组之间探讨交流，培养学生的主动性、创造性，从整体上探索学生的有效学习路径和主体意识发展规律，从而培养学生的公共参与意识。

完成上述内容后，教师播放中华人民共和国成立 70 周年庆典中检阅飞机的视频片段。通过对比社会主义改造时期的成就，让学生思考看完视频后有何感想，对他们有什么启示。本部分的设计意图是通过视频，让学生感受祖国的强大，增强民族自豪感，坚定对中国特色社会主义的道路自信，增强政治认同感。

本节课的优秀思维导图如图 2-3 所示。

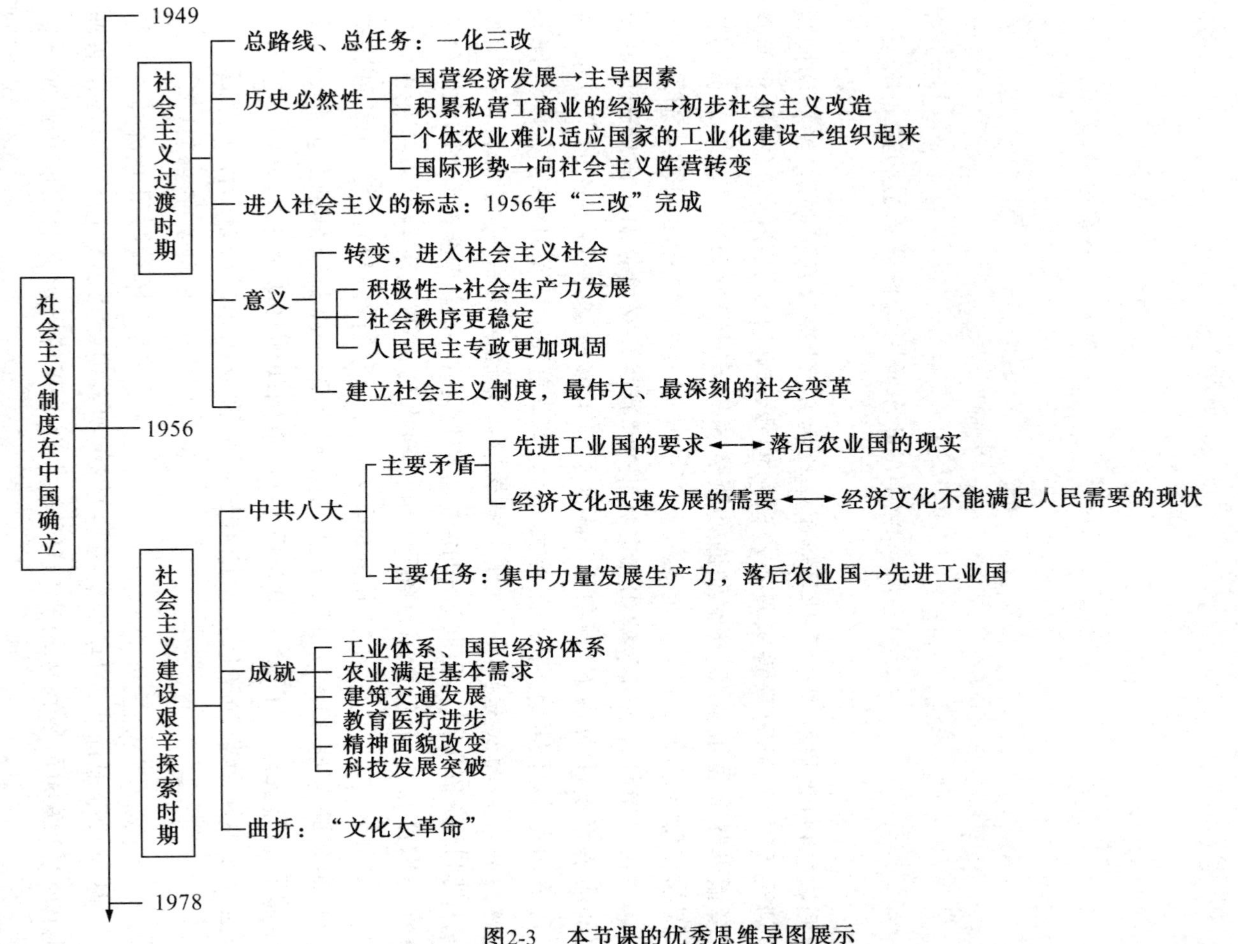

图2-3 本节课的优秀思维导图展示

教师通过让优秀的学生在讲台前展示自己总结的思维导图,引导学生梳理本节课的知识体系,构建系统的知识结构,同时发挥学生的主体与榜样示范作用,调动学生学习的积极性和主动性。导入的材料结尾与开头前后呼应,以此激励学生投身实践,勇于担当社会责任,树立为实现中华民族的伟大复兴而奋斗的理想,为中国特色社会主义现代化建设贡献自己的力量。

课堂小组合作学习设计的操作流程:

第一步:在第一次导学案中,学生借助主观题答题工具,对主观题的答题思路有了清晰的理顺,在课堂上借助小组合作工具,带着疑问互相交流答案,集思广益。

第二步:组长为中心发言人,负责汇总、收集、提炼小组成员的观点。

第三步:设置反思环节,根据不同学生的思维碰撞结果,总结小组成员在主观题答题思路以及提取材料中的有效信息方面的欠缺,并记录在表中,以便在后面的训练中有所改进。

第四步:互评得分,小组激励,教师出示答题要点作为参考,组长及组员据此对其他小组规整的答案进行打分,这有利于让学生转变身份,从评卷人的角度审视答案,这也符合高考开放式问题等级赋分的要求。

优势:因为有小组合作学习工具的步骤要求,故学生的讨论更加有序;又因为需要记录成员观点,故讨论过程可以量化,防止类似的观点被重复讨论;小组之间互评得分加入了竞争和评判机制,激发了学生的参与热情和集体荣誉感。

缺点:课堂的生成与预设还不理想,学生在完成合作探究之后,对某些同学的发言与独立见解没有进行深入拓展;学生回答问题的思路条理性不足,教师引导的方法有待改善。

呈现效果:学生参与有序、积极,课堂气氛活跃,学生提取材料中的有效信息、整合观点的能力进一步提升。

四、课后拓展训练设计

班级要举办一场题为“点赞新中国,奋进新时代”的主题班会,要求学生在班会上发言。结合平板电脑推送的拓展材料及自身实际,教师引导学生思考会为中华人民共和国成立 70 多年来的哪些方面的成就、哪些事、哪些人点赞？为什么？对此自己有什么感想？可简单列出发言提纲,并在下节课前准备交流展示。

本部分的设计意图是通过对比社会主义改造时期的成就,新时代取得的历史成就同样让中国人骄傲和自信。通过系列主题班会的发言提纲,引导学生牢记青年的责任，不忘初心，承担责任，在担当中历练，在尽责中成长，彰显青年的人生价值。

五、自我反思

本课的教学将课堂交给学生，选取典型素材，课上以自主学习、合作探究的模式，引导学生结合自身实际对相关问题进行探究，体验生活，得出感悟，学生的思维能力得到了锻炼，良好的思维习惯和参与能力也在这一过程中逐渐形成。

六、专家点评

本节课的课堂问题设计合理，环环相扣，学生通过探究提炼观点，通过交流有所巩固提高，充分体现了“以学定教”的课堂教学模式。教学中注重学生的主体参与度，留给学生充足的时间，把培养学生的创造性、主动性作为重要方向，探索了学生主体意识发展的有效途径，有利于培养学生的核心素养。

——于福（中学高级教师，牟平一中政治学科资深教研组长）

（山东省牟平第一中学　李　敏）

第三章　语文学科

第一节　一曲箜篌贯古今，万点愁绪漫心间

——《李凭箜篌引》课堂教学实践

叶圣陶先生说："文章思有路，遵路识斯真。"他还说："文章就是一个例子。"如何让学生由浅入深地深入文本，既符合阅读的规律，调动学生的积极性，真正做到以学习为中心，又能举一反三，是本节课所极力追求的。《李凭箜篌引》是写音乐的经典诗歌，渗透着李贺浪漫的特质和他对自己坎坷而孤独的人生的感悟。通过反复阅读品味，我们可以看到一个茕茕孑立、形影相吊的背影。

本节课是普通高中教科书《语文·选择性必修(中册)》古诗词诵读单元篇目。要想有感情地诵读诗歌，首先要深入理解文意，同时把握声律特点，学习有感情地吟咏。李贺作品的特点是"想象丰富，立意新奇，意象独特"，因此在处理该作品时应该由浅入深，通过反复地朗读、鉴赏、比较，引导学生曲径通幽，逐步品味李贺作品的独特魅力。

笔者所教的班级里，学生的知识背景和剖析文本的能力相差很大。本诗描写音乐时充满了浪漫主义手法，对于绝大部分学生来说，理解起来有一定的难度，因此要充分调动所有学生的知识积累，结合初中和高一学过的描写音乐的作品(课前让学生搜集相应的素材，并总结表达方面的特点，写出自己的疑问或者看法，以小组为单位，小组长负责自主合作探究，汇总本组未解决的问题)，使学生快速进入文本、理解文本。在教学中，要重视学生原汁原味的品味过程，问题一定要出自学生，通过初读、品读、悟读，使学生曲径通幽，逐步深入。教师通过让学生写对本诗的鉴赏、对音乐的鉴赏、对朗读的鉴赏，让每一位学生都沉浸入课本，感悟出自己的见解。

一、课前一次自主预习导学案设计

2020 年修订的《普通高中语文课程标准》中有这样的要求：让学生感受、体验文学作品的语言、形象和情感之美，能欣赏、鉴别、评价不同时代与不同风格的作品，具有正确的价值观、高尚的审美情趣和审美品位；学会精读古今中外优秀的文学作品，并能感受作品中的艺术形象，理解、欣赏作品的语言表达，把握作品的内涵，进而理解作者的创作意图。

高考评价体系的素质教育目标可凝练为"核心价值、学科素养、关键能力、必备知识"，其中，核心价值是通过本诗"认同中华文化，弘扬中华优秀传统文化"；学科素养是"能够将新获得的知识纳入已有知识结构或知识体系，对原有的知识结构进行合理地调整"，总结描写音乐的方法，"根据应对情景问题情境的需要，合理地组织、调动各种相关知识与能力"，学会描写音乐；关键能力是对音乐的"形象思维能力"，学习"以形写声""以声写声"的技巧；必备知识主要是了解文化常识以及表达方式中的描写与抒情。

本节课的学习目标是：

(1)通读关于李贺的介绍，知人论世，把握李贺的浪漫主义诗风。

(2)结合注解落实字词，用散文化的笔法复述诗歌内容。

(3)比较分析学过的描写音乐的作品，归纳描写音乐的手法，感受音乐之美。

(一)议题一

教师先让学生阅读《新唐书・李贺传》，回顾《雁门太守行》，概括出 1～2 个关键词，谈一谈自己认识的李贺，不少于 50 字。

新唐书・李贺传

李贺字长吉，系出郑王后。七岁能辞章，韩愈、皇甫湜始闻未信，过其家，使贺赋诗，援笔辄就如素构，自目曰高轩过，二人大惊，自是有名。为人纤瘦，通眉，长指爪，能疾书。每旦日出，骑弱马，从小奚奴，背古锦囊，遇所得，书投囊中。未始先立题然后为诗，如他人牵合程课者。及暮归，足成之。非大醉、吊丧日率如此。过亦不甚省。母使婢探囊中，见所书多，即怒曰："是儿要呕出心乃已耳。"以父名晋肃，不肯举进士，愈为作讳辨，然卒亦不就举。

辞尚奇诡，所得皆惊迈，绝去翰墨畦迳，当时无能效者。乐府数十篇，云韶诸工皆合之弦管。为协律郎，卒，年二十七。与游者权璩、杨敬之、王恭元，每撰著，时为所取去。贺亦早逝，故其诗歌世传者鲜焉。

教师首先补充文化常识——避讳：开始时，避讳的范围很小，只避讳本宗庙。自秦始皇后，帝王讳名渐渐风起云涌。《容斋随笔·帝王讳名》中记载，秦始皇父亲名“楚”，为避讳而把楚地改名为“荆地”；秦始皇叫“嬴政”，“政”与“正”同音，秦始皇自己避讳，把“正月”改名为“一月”。

然后，教师进行背景介绍：《李凭箜篌引》是元和六年或元和八年时，李贺在长安担任奉礼郎时所作。诗中提到的“李凭”在当时因善弹箜篌而闻名。“天子一日一回见，王侯将相立马迎”，其身价之高，远远超过盛唐时的“乐圣”李龟年。唐代有很多文人都曾描写过李凭的演奏。

李贺的《李凭箜篌引》文字色彩瑰丽，想象奇特，艺术感染力很强，后人经常把本诗与白居易的《琵琶行》和韩愈的《听颖师弹琴》并举，称其为“摹写声音至文”（补充资料：“引”是古代的一种乐曲形式和体裁，与“引子”“序曲”“序奏”相近）。

完成上述内容后，教师引导学生思考：本诗精彩在哪里？与《琵琶行》相比有何异同点？让学生用两个关键词来谈一下自己印象中的李贺，并说明理由。像“引”一样，让学生思考自己还学过哪些可以表明文章体裁的标志性词语？属于诗歌的有什么类别（包括古体诗、近体诗等）？

（二）议题二

教师利用平板电脑推送以下题目：

1.朗读正音：

箜篌（　）　颓（　）　女娲（　）　妪（　）　蛟（　）

2.解释下列词语：

张高秋（　）　颓不流（　）　中国弹箜篌（　）　芙蓉泣露（　）

香兰笑（　）　十二门前（　）　二十三丝（　）　动紫皇（　）

石破天惊（　）　逗（　）秋雨　露脚（　）斜飞

3.请用一句话概括本诗的内容。

（三）议题三

教师在平板电脑上推送以下内容：

（1）用散文的笔法，描摹一下本诗的内容。（这一问题涉及语文学科核心素养的“语言建构与运用”“思维发展与提升”和“审美鉴赏与创造”，通过写作实践，引导学生仔细体会语言，感悟情景，调动联想及想象的能力，逐步掌握

表现美和创造美的方法）

（2）文学作品一般开篇点题，本诗前四句的正常语序应该是怎样的？（这一问题涉及语文学科核心素养的“语言建构与运用”。本问题旨在引导学生感悟诗歌的开篇，感悟“先声夺人”的魅力，感悟美丽的意象带来的心灵冲击，感受李贺诗歌的超然想象力）

（3）结合《赤壁赋》和《琵琶行》中对音乐的描写，思考本诗是如何描写音乐的独特之处的。（这一问题涉及语文学科核心素养的“思维发展与提升”和“文化传承与理解”。通过此训练，引导学生充分利用知识背景，由已知到未知，品味异同，品味不同作品的魅力，热爱母语，为提升自己的审美能力打下良好的基础）

（4）本诗描写音乐所用的意象与《赤壁赋》和《琵琶行》的意象有何不一样的地方？从中可体味到作者李贺什么样的情感世界？（这一问题涉及语文学科核心素养的“审美鉴赏与创造”。李贺诗歌的意象瑰丽，想象奇特，通过意象的比较鉴赏，能提升学生的审美品位，让学生从作品中读出不同的人生）

（5）你印象最深刻的诗句是什么？请说说理由。（这一问题涉及语文学科核心素养的“审美鉴赏与创造”。通过咀嚼诗句，增加学生的审美体验，让学生形成语言感知和审美能力，找到表现美、创造美的方法）

（6）教师让学生结合本节课描写音乐的方式，找一首自己最喜欢的音乐描写一下，不少于 200 字。（这一问题涉及语文学科核心素养的“语言建构与运用”“思维发展与提升”“审美鉴赏与创造”和“文化传承与理解”，意在让学生关注生活、品味生活，进而无比热爱生活，从生活中发现美、表现美，安顿灵魂，静享生命的美好）

（7）教师让学生结合《赤壁赋》中的箫声描写和《琵琶行》中的琵琶描写，总结描写音乐的方式有哪些，并画好思维导图。（这一问题涉及语文学科核心素养的“思维发展与提升”，意在让学生由个别到一般，促进学生提升深刻性等思维品质）

最后，针对本部分预习，教师让学生提出自己的疑问。在平板电脑的讨论区，每位同学给最少两位同学进行解答。本部分的设计意图是让学生之间互相答疑，开展“思维碰撞”式的合作探究，有利于提升学生的思维品质，开拓学生的思维，提升学生发现问题、思考问题、解决问题的能力。

二、二次课堂学习导学案设计

教师让学生初读诗歌，进行自主探究和整体感知，交流不理解的字、词、句，找出承上启下的句子，把握前四句的语序和安排的目的；利用平板电脑呈现学生在课前一次自主预习导学案中暴露出的问题，引导学生思考："二十三丝动紫皇"一句，课本中对于"紫皇"的解释是否到位？对"香兰笑"的注解是否赞同？

然后，教师带领学生品读诗歌，赏析李贺的写作手法及精彩之处，并向学生提问：诗中李贺用了什么手法摹写音乐？白居易在《琵琶行》中描写琵琶曲以直接描写为主，《李凭箜篌引》中哪些句子是直接描写音乐的？其他的句子用了什么手法？并赏析自己喜欢的诗句，谈谈通过鉴赏诗歌，自己心中的李贺是怎样的形象（风格、情感）？教师在平板电脑上呈现学生的答案，开展小组交流，评析优劣。

完成上述内容后，教师引导学生悟读诗歌，做到学以致用，并让学生开展下列活动：

（1）呈现学生自己描写音乐的片段中比较典型的问题，开展小组合作交流，利用"思维控制器"记录学习中存在的问题。

（2）当堂写作实践：让学生模仿学过的诗文，也听一段音乐，用学过的手法描写自己品味到的音乐之美。

（3）小试牛刀：歌曲《青藏高原》的风格是辽阔、绵远、高亢、跌宕起伏，富有藏族风味，请试着对该歌曲的音乐进行描写。

完成上述内容后，教师引导学生阅读下面这首词，思考如何描写音乐。

好事近·僧房听琴

［宋］吴文英

翠冷石床云，海上偷传新曲。弹作一檐风雨，碎芭蕉寒绿。

冰泉轻泻翠筩香，林果荐红玉。早是一分秋意，到临窗修竹。

三、二次备课设计

本部分的学习目标是：

（1）知识与技能：品味总结李贺写音乐的手法，感受音乐之美。

(2)过程与方法:诵读、比较。

(3)情感态度与价值观:在诵读和写作中得到精神陶冶和审美愉悦。

本节课的教学过程如表 3-1 所示:

表 3-1　本节课的教学过程

环节	教师活动 (教学内容的呈现)	学生活动 (学习活动的设计)	设计意图
一、导入新课	“高山流水,知音无限”是大家很熟悉的典故,下面请某位同学读典故,其他同学思考:钟子期是用怎样的手法来描述音乐的:“伯牙善鼓琴……钟子期必得(了解)之。”(幻灯片展示)	1.让某位学生读典故,其他学生思考 2.同桌间交流思考的成果,然后学生展示成果	1.导入自然,引发学生的兴趣 2.引出本课的主要话题——写音乐的手法 3.为学习新课奠定广阔的知识背景,让学生便于进行知识迁移,很快地融入作品
二、整体感知,自主探究,合作交流	1.初读全诗,掌握字、词、句的含义,据题目找出直接写“李凭弹箜篌”这件事的句子,并找出过渡句 成果展示:“吴丝蜀桐张高秋”“李凭中国弹箜篌”直接写事件,其他都是描写音乐。其中,“中国”意即长安,“十二门前融冷光,二十三丝动紫皇”中的“十二门前”与之相呼应;“紫皇”既可指皇帝,也可指天帝、天神,下文女娲补天、神妪、瘦蛟、吴质、寒兔与之呼应(幻灯片展示) 2.想想前四句正常的语序是什么? 李贺为什么这么安排? 要点:突出强大的音乐效果,先声夺人,天地之间一片静寂,唯有音乐在其中飘荡。教师请学生仔细品读,体会吴丝、蜀桐、空山、凝云等意象(幻灯片展示)	1.让学生朗读并整体感知 2.同桌交流 3.优秀学生点拨字、词、句 4.学生通过交流,展示对诗歌的整体把握	1.学生能自己探究解决的问题教师不讲 2.优秀学生能帮助全班解决的问题教师不讲,意在充分发挥学生的主动性 3.对作品的理解要有整体意识和语境意识

续表

环节	教师活动 （教学内容的呈现）	学生活动 （学习活动的设计）	设计意图
三、自主探究，再次朗读诗歌，品味作者的手法	1.再次让学生朗读作品，看看李贺都用了什么手法写音乐？《琵琶行》主要以直接描写为主，这首中哪些句子是直接描写？其他的句子用了什么手法？赏析自己喜欢的诗句，谈谈从诗歌里能感受到李贺的什么特点（风格、情感）？ 2.教师肯定学生赏析的精彩之处 3.总结归纳：《琵琶行》通过比喻描摹音色的强弱缓急，主要为直接描写（以声写声）；《李凭箜篌引》主要写音乐产生的艺术效果，对音乐旋律本身的起伏跌宕着笔不多，因而是以侧面烘托为主，直接描写的诗句只有“昆仑玉碎凤凰叫，芙蓉泣露香兰笑”（以声写声，以形写神）（幻灯片展示）	1.学生再次朗读 2.学生以文字的方式赏析自己喜欢的诗句 3.学生自由交流	这个环节关键是让学生自己品味，充分利用自己的知识背景，实现知识的迁移。每个人的感悟是不一样的，学生可以自由谈论，教师不应给予过多的限定和否定性评价
四、与中央电视台“大家”栏目的朗诵进行比较，再次品味	1.与中央电视台“大家”栏目的朗诵进行比较，再次品味，让学生思考朗诵者的哪个地方特别值得学习？教师播放名家朗诵片段，让学生评价，在此基础上再次诵读作品，品味美感（幻灯片展示） 2.播放视频 3.请学生谈谈观看视频的感想 4.请优秀的学生进行范读	1.让学生欣赏视频，谈感受 2.让朗读功底好的学生进行范读 3.让所有的学生带着自己的理解朗读	1.教师可以“故意”说节目中名家的朗读有不足之处，这是为了让学生不要迷信权威 2.在学生充分地品味之后，再展示节目中名家的朗读，这是为了避免让学生的思路受到压制，鼓励学生的个性发挥

续表

环节	教师活动 （教学内容的呈现）	学生活动 （学习活动的设计）	设计意图
五、拓展延伸	1.让学生回忆初中学过的刘鹗的《明湖居听书》，思考里面的音乐描写采用了怎样的手法（"声音初不甚大……在黄山三十六峰半中腰里盘旋穿插"） 2.请学生听一段音乐，模仿学过的诗文，用学过的手法描绘自己体味到的音乐之美。在"小试牛刀"环节播放歌曲《青藏高原》，让学生试着对音乐进行描写（幻灯片展示） 3.播放音频 4.展示范文：仿佛是从那遥远的蓝天白云深处飘来一股清新的、带有阳光味道的风，让我们感受到了豪迈、纯朴和清爽，顷刻间，声音拔了一个尖儿，像直冲云霄的雪山，白云缭绕，透露出神秘与纯净。正在暗中叫好，突然声音趋于平缓，稳稳送出，入耳后有说不出的舒畅，如同山涧清泉在石上奔流，又如一匹骏马在那辽阔的草原上尽情驰骋，节奏平稳而明快。唱了几句后，又稍有回环，接着又趋于平缓，那舒缓而悠扬的歌声又像是撑着一叶扁舟出没在起伏的波浪中。接近尾声时，声音又直线扬起，却又极力千回百转，节节高起，大有"一行白鹭上青天"之势；又如一只大鹏扶摇直上，向那重霄冲去。在那极高的地方，又盘旋了数匝，像排云而上的鹰隼直冲碧云深处。这一声唱得四座屏气宁神，正不晓得还会有什么变化，突然一个高亢的"原"字唱出后，似遏止的流水畅出，让人仿佛在温泉湖沐浴完之后一样，有说不出的舒坦（幻灯片展示） 5.阅读宋代吴文英的词《好事近·僧房听琴》，思考如何描写音乐	1.集体回答《明湖居听书》运用的手法：通感、以有形写无形，总结写音乐的手法 2.一分钟写作 3.学生展示成果	1.引入刘鹗的《明湖居听书》这个环节的主要目的是引导学生的思维从诗歌跳到白话文，为后面的写作服务 2.给学生尽可能少的限定，充分调动学生的积极性 3.创作可以促使学生更有效地阅读，促使他们更深入地思考 4.通过阅读，实现"学以致用"的目的
六、课堂小结		学生自己总结，小组汇总展示	
七、作业	1.读韩愈的《听颖师弹琴》，分析其写作手法，写一篇文学评论 2.读朱自清的《歌声》，赏析其中写音乐的手法	课后完成	由感性认识上升到理性认识

完成上述内容后，针对每个问题，教师让每位学生在讨论交流的时候按照下面的“思维控制器”表格（见表 3-2）进行记录：关于这个问题，自己和同伴都有些什么观点？

表 3-2　思维控制器

问题：
自己的观点：
其他小组成员的观点：
个人收获：形成思维导图

四、课后拓展训练设计

教师让学生读韩愈的《听颖师弹琴》，分析其写作手法，写一篇文学评论；让学生读朱自清的《歌声》，赏析其中写音乐的手法。本部分的设计意图是通过写作，训练学生的形象思维和抽象思维，让学生形成知识体系。

五、自我反思

在优点方面，本节课真正做到了“以学习为中心”，具体来说包括以下方面：

（1）通过反复品读诗歌，更有利于让学生走进作品。传统的做法是一上来先展示名家和教师范读，然后让学生去品味，这无异于揠苗助长。可以说，好的朗读总是基于对作品主题的准确把握。本节课基于学生原有的知识水平，循序渐进地逐步品味，重在让学生自己去感觉和发现，在一遍遍的品味中逐步提高，这一点比较成功。

(2)充分利用学生的知识背景，使这首单独欣赏起来比较难的诗歌能较好地被学生把握，并上升到理论的高度。

(3)调动起了所有的学生。对于语文教学来讲，“写”无疑是最有效的手段。苏东坡就说过：“了然于心者，盖千万人难遇一也，况了然于口与手者。”本节课让学生写了四次：一次是回忆学过的写音乐的作品和评论手法，一次是给自己最喜欢的诗句写鉴赏，一次是听音乐并当场选角度写鉴赏，一次是课后总结写音乐的手法。尤其是听音乐并当场选角度写鉴赏那次，做到了“学以致用”，学生很感兴趣。

本节课的不足之处有以下这些：

(1)整堂课的教学设计容量较大，使得在课堂上有些“赶时间”的感觉。

(2)可以引导学生将思维碰撞得更充分一些，在调动所有学生积极性的基础上进行一系列尝试；在如何让更多的学生展示自己方面还有很多探索空间。

六、专家点评

这堂课非常好地调动了学生的参与度，每一个环节都充分尊重了学生的认知规律，由浅入深，让学生一步步地深入诗歌，设计合理而有效。在规律总结上，充分利用已知引导学生探求未知，整堂课很有“厚度”。教师重视每位学生的思考，善于倾听学生个性化的感受。不管是朗读还是交流，都给予学生足够的空间，让学生自己去品味、思考。根据题目的难易，灵活运用同桌间交流与四人小组交流两种模式，学生间的合作交流实现了高效化。可以说，本节课是一堂遵循“以学习为中心”的理念、符合学生认知规律的好课。

——严书增(中学高级教师，牟平一中语文学科资深教研组长)

(山东省牟平第一中学　林　晓)

第二节　青春的模样，这样诠释

——以"高一语文第一单元
第二课整合学习"为例

作为教师，我们不仅要教给学生知识，更应该激发学生的好奇心和求知欲，以及观察、思考生活的主观意愿。"学习中心课堂"模式的转变，摆脱了以往以教师传授知识与技能为主的弊端，转变为以提高学生的学习和观察能力为宗旨，真正将学习与生活、知识与能力结合起来，让学生在课堂上学到知识、思考人生。本节课以"青春的模样，这样诠释"为主线，让学生在鉴赏文学作品的过程中理解不一样的青春、不一样的选择，并由此反思自己的青春应有的模样。

本节课为普通高中教科书《语文・必修(上)》第一单元的第二课。第一单元的五首诗歌和两篇小说分属不同历史阶段的作品，都是对青春的吟唱。作者或感时忧国、抒发情怀，或感悟人生、思考未来，让我们体验到了各具特色的文学表达，点燃了澎湃的青春激情。其中，第二课包含郭沫若的《立在地球边上放号》、闻一多的《红烛》、昌耀的《峨日朵雪峰之侧》和雪莱的《致云雀》四首诗歌。《立在地球边上放号》是中国新诗的代表性作品，它以崭新的内容和形式，表达了"五四"时期狂飙突进的时代精神；《红烛》化用"红烛"这一古典意象，赋予它新的意义，赞美其"烧蜡成灰"来点亮世界的奉献精神；《峨日朵雪峰之侧》蕴含着谦卑而强劲的生命力量；《致云雀》意蕴深刻、比喻新奇，作者赋予了云雀以象征意义。这四首诗歌中有三首中国诗歌和一首外国诗歌，它们的写作时期、写作境遇都不尽相同，但是作者创作其作品时都正值青春，均体现了作者对于"青春"的思考。

学生在初中已经接触过比较浅显的现代诗歌，如冰心的《纸船》、余光中的《乡愁》、舒婷的《祖国啊，我亲爱的祖国》等，但这些篇目相对而言比较短小，内容比较浅显，主题比较突出。

相比之下，高中《语文・必修(上)》第一单元第二课所选的四首现代诗歌虽然各有特点，但都必须放在一定的时代背景下，结合诗歌所选的意象和诗人的情感、态度、价值观等，进行综合探究并深入挖掘，在难度上提升了不止一个层级。《红烛》和《致云雀》内容又比较长，导致学生理解起来有一定的难度。

一、课前一次自主预习导学案

对本节课的课标分析如下：

(1)学习任务群5：文学阅读与写作。教师让学生阅读古今中外的诗歌、散文、小说、剧本等不同体裁的优秀文学作品，在感受形象、品味语言、体验感情的过程中提升文学欣赏能力，并尝试着进行文学写作，撰写文学评论，借以提高审美鉴赏能力和表达交流能力。

(2)学习任务群10：中国现当代作家作品研习。让学生研习中国现当代具有代表性的作家作品，以正确的价值观鉴赏文学作品，进一步提高自身的文学阅读和写作能力，把握中国现当代文学作品的思想性、艺术性、观赏性有机统一的价值取向。

(3)学习任务群11：外国作家作品研习。让学生研习外国文学名著名篇，了解若干国家和民族不同时期的社会文化面貌，感受人类精神世界的丰富，培养阅读外国经典作品的兴趣和开放的文化心态。

高考评价体系中的"一核"是高考的核心功能，即"立德树人、服务选才、引导教学"。本课的四首诗回答了"青春的价值在于什么"，如《立在地球边上放号》中炽热的爱国之情，《红烛》中的无私奉献之情，《峨日朵雪峰之侧》中的不屈与思考，《致云雀》中对真、善、美的追求等，都可以给正值青春期的学生以正面的引导。以这四首诗为引子，引导学生学习鉴赏新诗的方法，是对"四层"中学科素养、关键能力、必备知识的提升。在鉴赏过程中，涉及顶真、通感等修辞手法。最后，对四首诗进行了整合学习，让学生结合所学知识与自身感悟，创作以"青春的颜色"为主题的新诗，这也是对"四翼"的集中体现。

在上课时，教师通过平板电脑推送视频《新青年毛浩夫：从英格兰到井冈山的"撞色"青春》进行问题导入。本部分的设计意图：视频导入调动了学生的学习兴趣，同时引导学生思考如何实现青春的价值。毛浩夫在英国留学时学的是金融专业，毕业后却回到井冈山做了一名红色宣讲员，此举关乎"青春的选择"。视频中提到的"共和国第九烈士陈毅安"也关乎"青春的选择""对祖国的热爱""为大我牺牲小我"等品质，视频标题中含有"'撞色'青春"的字样，也为学生写作新诗提供了素材与思考的角度。

本节课的学习目标是：

(1)通过分析诗歌中所选的意象，理解并掌握运用意象抒发情感的手法。

(2)反复诵读诗歌中自己最喜欢的部分，通过书写简短的文学评论来鉴赏诗歌语言，进一步体悟作者的情思。

(3)运用本节课所学的知识创作一首新诗，谈谈自己对青春价值的理解。

(一)议题一：初读，夯实基础

教师让学生自主预习，自由地诵读文本，读准字音、节奏；结合课下注解，把握四首诗歌的含义；找出诗中所选的意象，并思考这些意象有何特点。本部分的设计意图是培养学生的诵读意识与习惯，并运用知识的迁移，结合古代诗歌的鉴赏方法和技巧寻找意象，并归纳特点。

完成上述内容后，教师利用平板电脑推送下面的自我验收习题：

1.给加点字注音：

彷徨(　　)　石砾(　　)　铆钉(　　)　揳入(　　)　罅隙(　　)

锈蚀(　　)　晨曦(　　)　迸涌(　　)　山峦(　　)　摈弃(　　)

脂膏(　　)(　　)　慰藉(　　)　醇酒(　　)

2.为下列句子选择恰当的词语填空。

(1)以致　　以至

①要把概念融会贯通，必须一次、两次______十次百次地反复练习。

②由于他不注重调查研究，______得出了错误的结论。

(2)浮夸　　虚夸

①“四个现代化”是科学，科学是老老实实的学问，来不得半点______。

②他是个有心人，从不________说大话，一是一，二是二，实实在在的。

3.结合预习情况完成下面的表格。

题目	意象	特点
《立在地球边上放号》		
《红烛》		
《峨日朵雪峰之侧》		
《致云雀》		

完成题目后，教师让学生自己进行总结，可涉及群象与独象的区别：《立在地球边上放号》与《峨日朵雪峰之侧》是用群象抒情，《红烛》是用独象抒情，《致云雀》则是将主要意象比喻成各种其他意象来抒情。同时，可以在平板电脑上设置讨论区，开展生生讨论，将仍然存疑的问题提交给教师。本部分的设计意图是体现“学习中心式”课堂上学生之间的各种交流、互动等合作性学

习情况，通过合作探究掌握大部分需要学习的知识，并在此学习过程中提升学生的学习能力，提高学生的自信，让他们获得成就感。

(二)议题二：品读，品技巧、悟情感

教师让学生自主预习，从四首诗中任选自己感受最深的1～2个章节，从手法、语言等角度进行鉴赏；结合平板电脑拓展补充的资料，思考诗歌抒发了诗人怎样的情感。本部分的设计意图是让学生在理解诗意的基础上，通过鉴赏、品读诗歌的语言，了解诗人创作作品时所处的时代背景以及作者的生平经历，进一步体会作者的感情。

完成上述内容后，教师让学生从手法、语言等角度，赏析下面两组句子：

(1)《致云雀》第五小节：“那犀利无比的乐音，似银色星光的利箭，它那强烈的明灯，在晨曦中逐渐黯淡。”

(2)《红烛》第四小节：“烧吧！烧吧！烧破世人的梦，烧沸世人的血——也救出他们的灵魂，也捣破他们的监狱。”

赏析完成后，教师让学生自己总结，鉴赏新诗时可以从修辞、句式、有表现力的词语等角度思考，最后应归结到诗人的情感上。同时，教师可在平板电脑上设置讨论区，开展生生讨论，仍然存疑的提交给教师。本部分的设计意图是体现“学习中心式”课堂上学生之间的各种交流、互动等合作性学习情况，通过合作探究掌握大部分需要学习的知识，并在此学习过程中提升学生的学习能力，提高学生的自信，让他们获得成就感。

完成上述内容后，教师请学生运用学到的诗歌创作知识，以及在四首作品中体悟到的作者情思，写一首以“青春的颜色”为主题的现代诗歌。本部分的设计意图是提高学生的语文学科思维与素养，让学生可以把学科知识与家国情怀相融合，真正体会到青春应该是忠诚于祖国的，是无私奉献的，是身处逆境不妥协的，是永远追求真、善、美与自由的。

最后，教师引导学生思考：在鉴赏品读新诗时，可以从哪些方面进行探究？并在平板电脑上画出思维导图。本部分的设计意图是体现学生的信息筛选与归纳能力，以及体现学生的逻辑思维与表达能力。

二、二次课堂学习导学案设计

教师根据学生的预习反馈情况，展示学生的预习学案答案截图，以及在平板电脑上提交的预习存疑。通过师生交流与生生交流，有针对性地解决学生在诗意理解方面存在的问题，让学生学会知识迁移和整合性地自主学习。

在课堂上，教师进行如下的问题呈现：

在昌耀的《峨日朵雪峰之侧》中：

(1)“彷徨许久的太阳”“引力无穷的山海”和“‘不时滑坡引动一派嚣鸣’的石砾”的含意是什么？

(2)如何理解诗中的“蜘蛛”意象？

教师利用平板电脑，将全班分成两个大组，每个大组分成三个小组，两个大组分别针对上述两个中心议题展开讨论，形成书面文字并拍照上传；每个大组中的三个小组可以针对同一议题的不同理解再次展开讨论，并归纳形成最终答案，由大组长展示。教师还可提出类似的问题：郭沫若的《立在地球边上放号》中，“力”的含义是什么？

完成上述问题后，教师根据自学导学案的答案展示，针对学生对新诗鉴赏中手法与语言方面存在的问题进行探究，提高学生语文学科必备能力中的语言鉴赏能力。教师可进行如下的问题呈现：

昌耀的《峨日朵雪峰之侧》中：

朝向峨日朵之雪彷徨许久的太阳//
正决然跃入一片引力无穷的//
山海。石砾不时滑坡，//
引动棕色深渊自上而下的一派嚣鸣，//
像军旅远去的喊杀声。

为什么要这样断句？是否会让人感觉表述不完整就断开了？

然后，教师利用平板电脑推送戴望舒的《雨巷》，让学生反复诵读第一小节，小组间展开合作交流，探究作者这样断句的用意是什么。教师还可提出类似的问题：细细品读昌耀《峨日朵雪峰之侧》的最后三行，思考作者如此断句有何效果。

完成上述内容后，教师带领学生进行如下的拓展提升：

《致云雀》第二小节的原文为：

Higher still and higher
From the earth thou springest
Like a cloud of fire;
The blue deep thou wingest,
And singing still dost soar, and soaring ever singest.

穆旦(查良铮)所译的版本为：

你从大地一跃而起
往上飞翔又飞翔
有如一团火云，在蓝天
平展着你的翅膀
你不歇地边唱边飞，边飞边唱

教师请学生结合英文版，品读课本中所译版本与穆旦所译版本，谈谈自己认为哪一种翻译得更好，并说明理由。

三、二次备课设计

毛浩夫放弃在英国的金融业从业机会，回到井冈山做了一名红色宣讲员，渲染了他的“撞色”青春；“共和国第九烈士”陈毅安为了中国人民的解放事业，献出了自己宝贵的生命，书写了他年仅25岁的火红青春……如果青春是有颜色的，那么他们的青春是什么颜色的？在这节课上，教师将与学生一起通过品读这四首诗歌，走近四位诗人，体会不一样的青春风采。

本部分的问题导入是对课前推送视频内容的总结，意在激发学生的兴趣。这个问题可以放在四首诗鉴赏结束之后，由学生进行解答，为他们的青春赋予色彩；也可以与最后创作新诗的主题相呼应。

完成上面的问题导入后，教师带领学生进入下面的环节：

(一)素读赏语言

教师带领学生重新思考昌耀的《峨日朵雪峰之侧》中的两个中心议题：

(1)“彷徨许久的太阳”“引力无穷的山海”和“‘不时滑坡引动一派嚣鸣’的石砾”的含意是什么？

(2)如何理解诗中的“蜘蛛”意象？

本部分的设计意图是通过合作探究，结合上下文语境，知人论世，进行挖掘，解决问题。教师根据学生的预习反馈情况，展示学生的预习学案答案截图，以及在平板电脑上提交的预习存疑。通过师生交流与生生交流，有针对性地解决学生在诗意理解方面存在的问题，让学生学会知识迁移和整合性地自主学习。

完成上述内容后，可以让学生开展合作探究，教师在平板电脑上推送作者的生平经历以及写作本诗时的背景；让学生分析中心词前的修饰语，如“彷徨许久”“引力无穷”“滑坡”“引动嚣鸣”“小得可怜”，想一想这些修饰语体现了中心词什么样的特点;思考“太阳”“山海”“石砾”“蜘蛛”有何含义;思考郭沫若《立在地球边上放号》中“力”的含义是什么。

本部分的设计意图是通过小组合作的方式,推送相关素材,设置有梯度的问题“引路搭桥”,最终让学生学会知人论世、联系语境探究关键词的新诗鉴赏方法。

(二)品读悟情思

教师带领学生重新思考昌耀的《峨日朵雪峰之侧》中的断句:

朝向峨日朵之雪彷徨许久的太阳//
正决然跃入一片引力无穷的//
山海。石砾不时滑坡,//
引动棕色深渊自上而下的一派嚣鸣,//
像军旅远去的喊杀声。

教师让学生重新思考为什么要这样断句?是否会让人感觉表述不完整就断开了?然后,教师根据自学导学案的答案展示,针对学生对新诗鉴赏中手法与语言方面存在的问题进行探究,提高学生语文学科必备能力中的语言鉴赏能力。

完成上述内容后,可以让学生开展合作探究,教师在平板电脑上推送戴望舒的《雨巷》第一小节,让学生反复诵读,探究作者为什么这样断句:

撑着油纸伞,独自//
彷徨在悠长、悠长//
又寂寥的雨巷,//
我希望逢着//
一个丁香一样的//
结着愁怨的姑娘。

在此基础上,继续探究昌耀的《峨日朵雪峰之侧》中为何要这样断开,以及体现了作者什么样的思想感情:

朝向峨日朵之雪彷徨许久的太阳//
正决然跃入一片引力无穷的//
山海。石砾不时滑坡,//
引动棕色深渊自上而下的一派嚣鸣,//
像军旅远去的喊杀声。

在此基础上，继续细细品读昌耀的《峨日朵雪峰之侧》最后三行，思考作者如此断句的效果和用意。本部分的设计意图是通过小组合作的方式，推送相关素材，设置有梯度的问题“引路搭桥”，最终让学生学会从停顿、标点等角度鉴赏新诗。

（三）我手写我心

赏析完了这四首作品，学生不仅学会了新诗鉴赏的技巧，而且体会到了不一样的青春风采。教师提问：“如果要给这四位作者的青春涂上颜色，你觉得是什么颜色？为什么？”然后，让学生运用本节课所学的诗歌意象、手法等知识，以“青春的颜色”为题写一首小诗，表达自己对青春价值的理解。

本部分内容是对学生情感、态度、价值观的提升，通过“青春的颜色”主题新诗的写作与交流，让学生对新诗的鉴赏角度和方法进行巩固，同时思考自己的青春应该如何度过。

最后，通过本节课的学习，教师让学生思考在新诗鉴赏方面有哪些收获，并展示学生画的新诗鉴赏思维导图，其他学生可以补充。

四、课堂小组合作学习设计

教师让学生使用平板电脑与学习平台，开展合作探究。利用平板电脑的拍照上传功能，先由教师将学生的答案分类上传，然后根据小组划分，通过留言讨论功能展开讨论，由组长综合本组成员的意见，将答案重新整理后上传。教师可以利用平板电脑的广播功能，将小组的答案推送给所有的学生，并通过随机点名的方式，任意点名某小组的某同学起来陈述探究过程（也可以由大组长陈述）。最后，通过投票的方式得到大家都比较认同的理解。

这种方式可以让每位学生都参与讨论，减少或杜绝“浑水摸鱼”的现象；比起传统的口头陈述答案，文字答案展示更加直观，也更容易进行修改与判断；投票环节可以快速统计出学生的作答与选择情况，基于反馈的数据显示，教师也可以快速找到问题之所在。

完成上述内容后，教师再利用平板电脑推送戴望舒的《雨巷》，每位学生都需要使用自己的平板电脑将答案拍照上传，教师可以利用平板电脑的倒计时功能，要求学生在规定时间内必须上传，然后随机选择展示学生的答案，由全班共同讨论该答案的优缺点，然后利用平板电脑的白板功能，让学生重新组织并展示答案。

这种方式有时限性和随机性，可以让学生真正紧张起来并动起来，参与到课堂进程中。在全班讨论之后再进行修改也相应地提升了全班同学的语文思维与表达能力。最后，还可以通过当堂出题检测功能，检测学生的掌握程度，从而真正让学生在交流互动中得以提高，体现“学习中心式”课堂的特色。

本部分的学习任务单如表 3-3 所示：

表 3-3　学习任务单

预习存疑	《立在地球边上放号》	
	《红烛》	
	《峨日朵雪峰之侧》	
	《致云雀》	
探究解疑	《立在地球边上放号》	
	《红烛》	
	《峨日朵雪峰之侧》	
	《致云雀》	
我的收获		
利用思维导图小结本节内容		

五、课后拓展训练设计

教师让学生将自己创作的“青春的颜色”主题诗歌提交到班级群，同学们依次打分，评选出优秀作品并打印，由得分最高的两名同学在作品正文下方进行点评。然后，教师用平板电脑推送视频《他们这样诠释最美青春模样》。本部分的设计意图是通过创作，让学生进一步理解青春的价值，而且无论是创作者还是点评者，都需要灵活运用本节课所学到的新诗鉴赏的相关知识，从意象选择、手法运用、语言表达、情感抒发等方面加以练习，实现语文学科阅读、写作与鉴赏能力的全面提升。

六、自我反思

本节课的优点有以下方面：

(1)通过二次备课的设计，对学习目标的调整真正体现了“从学情出发，以学习为中心”。

(2)虽然通过知人论世的方法解读诗歌是比较传统的做法，但是在授课中能加以创新，思路新颖，并且能通过比较鉴赏，加深学生的理解。

(3)在深入解读文本的基础上，加上视频的导入，从问题出发，更能引导学生深入挖掘文本内涵，充分调动了学生主动学习探究的兴趣。

(4)听、说、读、写一体化的教学设计，让学生的主动探究从课内延伸到课外，将理论能力转化成实践能力；通过练习、点评、创作等方式，将课堂学习目标落到了实处。

本节课的不足有以下方面：

(1)由于课时有限，因此在引导学生整体把握诗歌和更加深入细致地探索方面做得不够。

(2)如果可以给学生更多的交流展示的机会，可以通过思维碰撞，见仁见智，引导学生更加深入地理解文本。

七、专家点评

本堂课对课堂学习目标的设计非常好地完成了单元学习任务，环节安排体现了“先学后教，以学定教”的教学理念，真正做到了“从学情出发，以学习为中心”；对知识点的突破形成了“问题分析→总结归纳→拓展练习→灵活运用”的完整教学环节，能够使学生的问题当堂得到解决。可以尝试着让学生在理解文本的基础上进行自命题练习，让学生在自命题的过程中进一步梳理文本，揣摩并思考作者的情感。

——严书增(中学高级教师，牟平一中语文学科资深教研组长)

(山东省牟平第一中学　孙　芳)

第四章 数学学科

第一节 感知“数形”的魅力

——以“三角函数的概念”为例

从教二十多年来，笔者日益感受到，数学教育承载着素质教育发展的重任，落实“立德树人”，发展素质教育，应以此为出发点。“学习中心式”课堂依据新课标及学科思维的要求，以问题探究、深度学习的方式，借助信息技术，构建了深度与智慧高效型的学习课堂，以学生为主体，提高学生的参与度，培养学生的数学学科素养，在课堂上教学生如何学，如何感悟数学的科学价值、应用价值等，重视对学生学习过程的评价，提高学生的学习兴趣，落实教育教学目标。

本节的内容是普通高中教科书《数学・必修・第一册》中的“三角函数的概念”。在此之前，学生已经学习了很多初等函数，如一次函数、二次函数等，而三角函数是周期函数，现在调整内容把三角函数的有关内容安排在必修第一册，可以把函数的概念、性质及应用作为一个整体来讲述。在教科书中，既遵循基本的整体结构，又体现各部分内容之间的联系，同时把学科的核心素养进行有机结合，引领学生从整体把握好函数的概念、性质及应用，提升数学学科核心素养。

三角函数是较为特殊的函数，具有周期性，是学生现阶段学习的具有周期性的初等函数。学完三角函数以后，学生将对函数的性质建立更加完整的知识体系。本节课在学习了角的概念推广之后，通过平面直角坐标系，从“数”和“形”两方面帮助学生理解三角函数的定义。本节课的授课对象为高一学生，在已经学习过锐角三角函数的前提下，学生可以方便地理解接受任意角的三角函数的概念及性质。

一、课前一次自主预习导学案设计

在学生掌握了任意角的概念的基础上，让学生学会用弧度度量角，在平面直角坐标系中定义任意角的三角函数，得到任意角的诱导公式，并在平面直角坐标中得到三角函数的图像，并应用三角函数的性质解决相关的数学问题。

（一）高考评价体系

对于高中数学的学习，学生应通过学习数学能够获得自身素质的发展，在学习数学中认识数学思想，培养自己的逻辑思维，提升自己的数学学科素质。

（二）问题导入

如图 4-1 所示的摩天轮，假设它的中心离地面的高度为 h_0，其直径为 $2R$，逆时针方向匀速转动，转动一周需要 360 s。若现在你坐在座舱中，从初始位置 OA 出发，经过时间 t 后到达 P 点位置，过点 P 作 PH 垂直于地面，交 OA 于点 M，交地面于点 H，设 $NH=h_0$，问：

（1）在直角三角形 OMP 中，锐角 AOP 的正弦值是怎样定义的？

（2）过了 30 s 后，你距离地面的高度是多少？过了 390 s 后，你距离地面的高度又是多少？

（3）过了时间 t 之后呢？

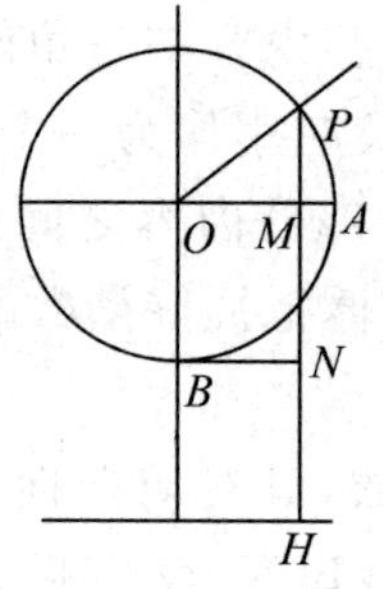

图 4-1　摩天轮示意图

本部分的设计意图是从实际情境出发，激发学生学习数学的热情与激情，感受数学的实际应用，培养学生应用数学的能力。学习目标是让学生能够在教师的引领下自主学习，掌握任意角的三角函数定义，类比、发现、理解三角函数，由此认识自变量为实数的函数的性质。在学生掌握了三角函数定义的前提下,进而让学生解决三角函数问题,激发学生对学习数学和研究数学问题的激情,培养学生勇于学习、勇于钻研、勇于创新的精神。

自主预习的要求如下:

(1)让学生自主阅读课本的相关内容,完成导学案。

(2)教师通过平板电脑推送微课,辅助学生学习。

议题一:

现实世界中存在着各种各样的"周而复始"的变化现象,问题导入的摩天轮问题中,390 s后 P 点的位置与 30 s后的位置相同。我们利用初中学习的锐角三角函数的定义,在直角三角形 OMP 中,令 $\sin\angle AOP=\frac{PM}{OP}=\frac{PM}{R}$,就可以解决问题。然后,在单位圆上令点 P 以 A 为起点做逆时针方向的旋转,经历提出问题、解决问题的过程,让学生描述点 P 的位置变化情况。

教师借助于多媒体信息技术呈现摩天轮转动的画面,对教师提出的问题,学生在独立思考的基础上进行小组讨论交流,得到问题的基本研究方法和解决思路。本部分的设计意图是让学生明确研究的内容,对其过程和基本方法有基本的认识,为具体研究指明方向。然后,教师给出下面的问题:

【问题 1】单位圆的圆心 O 为坐标原点,OA 为 x 轴的非负半轴,建立平面直角坐标系,已知点 $A(1,0)$、点 $P(x,y)$,射线 OA 从 x 轴的非负半轴开始,绕点 O 逆时针方向旋转角 α,终止位置为 OP。当 $\alpha=\frac{\pi}{6}$ 时,点 P 的坐标是什么?当 $\alpha=\frac{\pi}{2}$ 或 $\frac{2\pi}{3}$ 时,点 P 的坐标又是什么?是唯一确定的吗?一般地,任意给定一个角 α,它的终边 OP 与单位圆交点 P 的坐标能唯一确定吗?

教师让学生自主探究上述问题,分组讨论交流,展示各组的成果,并展开下面的追问:

(1)求 P 点坐标要用到什么知识?

(2)求 P 点坐标的步骤是什么?P 点坐标唯一确定吗?

(3)用刚才的方法求 $\alpha=\frac{2\pi}{3}$ 时的 P 点坐标。

(4)对任意一个角 α,观察它的终边 OP 与单位圆交点 P 的坐标,有什么发现?

本部分的设计意图是通过问题设计,引领学生步步深入,找出角的终边与单位圆交点坐标之间的关系，为学习三角函数做好准备。

议题二：

教师让学生根据阅读的课本内容回答下列问题：符号 $\sin\alpha$，$\cos\alpha$，$\tan\alpha$ 表示什么含义？正弦函数、余弦函数、正切函数的对应关系各是什么？本部分的设计意图是借助问题引领，由教师指导学生阅读课本，明确三角函数的关键元素，引导学生类比，用已知的知识解决未知的问题。问题的答案如下：

三角函数的定义：若 α 是任意一个角，它的终边 OP 与单位圆交于点 $P(x,y)$，则有：

(1)把点 P 的纵坐标 y 叫作 α 的正弦函数，记作 $\sin\alpha$。

(2)把点 P 的横坐标 x 叫作 α 的余弦函数，记作 $\cos\alpha$。

(3)把点 P 的纵坐标与横坐标的比值叫作 α 的正切函数，记作 $\tan\alpha$，即 $\tan\alpha=\frac{y}{x}(x\neq 0)$，这个式子我们可以看成是以角为自变量，以单位圆上点的纵坐标与横坐标的比值为函数值的函数。

我们将正弦函数、余弦函数和正切函数统称为三角函数，通常将它们记为：

正弦函数：$y=\sin x, x\in \mathrm{R}$

余弦函数：$y=\cos x, x\in \mathrm{R}$

正切函数：$y=\tan x, x\neq \frac{\pi}{2}+k\pi(k\in \mathrm{Z})$

师生通过问题分析学习，形成任意角的三角函数的概念，然后教师给出下面的问题：

【问题2】已知角 α 的终边与单位圆的交点是 $P\left(\frac{1}{2},\frac{\sqrt{3}}{2}\right)$，求角 α 的正弦、余弦和正切值。

教师让学生根据所学的三角知识，求相应的三角函数值，并通过平板电脑提交展示。本部分的设计意图是让学生会用终边上点的坐标求三角函数值，巩固所学三角函数的知识。然后教师再给出下面的变式训练：

已知角 α 的终边上一点 $P(1,\sqrt{3})$，求角 α 的正弦、余弦和正切值。

教师让学生自主探究，小组讨论交流，利用平板电脑展示小组成果，并追问：能否借助于三角函数的定义，求出角的三角函数值？本部分的设计意图是在问题引导下，让学生借助于三角形相似和三角函数的定义得到推广的三角函数定义，通过对比加深理解。定义推广如下：

设角 α 是一个任意角，$P(x,y)$ 是其终边上的任意一点，点 P 与原点的距离 $r=\sqrt{x^2+y^2}>0$，则有：

(1) $\frac{y}{r}$ 叫作 α 的正弦，记作 $\sin\alpha$，即 $\sin\alpha=\frac{y}{r}$。

(2) $\frac{x}{r}$ 叫作 α 的余弦，记作 $\cos\alpha$，即 $\cos\alpha=\frac{x}{r}$。

(3) $\frac{y}{x}$ 叫作 α 的正切，记作 $\tan\alpha$，即 $\tan\alpha=\frac{y}{x}(x\neq 0)$。

【问题 3】求 $\frac{5\pi}{3}$ 的正弦、余弦和正切值。

教师让学生开展自主探究，并在平板电脑上提交答案。本部分的设计意图是通过例题应用概念，让学生掌握三角函数的定义，规范解题步骤，并进一步理解定义的内涵；让学生自主学习微课，应用概念规范步骤。

为加深学生对三角函数定义的理解，层层递进，达到灵活应用的目的，进行学科的横向结合，提升学生的综合应用能力，教师可再给出下面的自我验收问题：

(1)利用三角函数的定义求 $\frac{11\pi}{6}$ 的三个三角函数值。

(2)已知角的终边过点 $P(-3,4)$，求角的三个三角函数值。

(3)已知角的终边过点 $P(3a,4a)(a\neq 0)$，求角的三个三角函数值。

(4)点 P 在半径为 2 的圆上按顺时针方向做匀速圆周运动，角速度为 1 rad/s，求 2 s 时点 P 所在的位置。

对以上部分总结归纳如下：

(1)通过任意角的定义，推广得到任意角三角函数的定义(代数法、几何法)。

(2)数形结合数学思想的应用。

二、二次课堂学习导学案设计

教师让学生通过问题导引，自主阅读课本，在平板电脑上学习微课，在锐角三角函数定义的基础上，借助于单位圆理解掌握三角函数的定义，让学生经历数学活动，引导学生积累活动经验，并给出下面的问题：

(1)锐角三角函数的定义是什么？

(2)单位圆的圆心 O 为坐标原点，OA 为 x 轴的非负半轴，建立平面直角坐标系，已知点 A(1,0)、点 P(x,y)，射线 OA 从 x 轴的非负半轴开始，绕点 O 逆时针方向旋转角 α，终止位置为 OP。当 $\alpha=\frac{\pi}{6}$ 时，点 P 的坐标是什么？当 $\alpha=\frac{\pi}{2}$ 或 $\frac{2\pi}{3}$ 时，点 P 的坐标又是什么？是唯一确定的吗？一般地，任意给定一个角 α，它的终边 OP 与单位圆交点 P 的坐标能唯一确定吗？

(3)已知角 α 的终边与单位圆的交点是 $P(12,32)$，求角 α 的正弦、余弦和正切值。

变式训练：已知角 α 的终边上一点 $P(1,3)$，求角 α 的正弦、余弦和正切值。

教师让学生自主探究上述问题，在平板电脑上提交答案，并对变式训练展开小组讨论，发现关键点和关键要素，利用平板电脑展示交流订正。完成上述内容后，教师可给出下面的“错题再练”：已知角的终边过点 $P(3a,4a)$ $(a\neq0)$，求角的三个三角函数值。

教师通过让学生开展小组学习，让学生掌握三角函数的定义，并能学会应用定义求任意角的三角函数值，同时给出例题：求 $\frac{5\pi}{3}$ 的正弦、余弦和正切值。在此过程中发现的问题是，学生对角的终边能够很快找到，但其上与单位圆交点的坐标不能迅速写出来。对此，可由教师提出问题，引导学生探究在平面直角坐标系下如何写出一个点的坐标，如先确定横坐标，在保证到原点的距离等于 1 的条件下写出纵坐标。本部分的自我验收问题如下（同前面的【问题 3】）：

(1)利用三角函数的定义求 $\frac{11\pi}{6}$ 的三个三角函数值。

(2)已知角的终边过点 $P(-3,4)$，求角的三个三角函数值。

(3)已知角的终边过点 $P(3a,4a)$ $(a\neq0)$，求角的三个三角函数值。

(4)点 P 在半径为 2 的圆上按顺时针方向做匀速圆周运动，角速度为 1 rad/s，求 2 s 时点 P 所在的位置。

在实践中发现，学生对问题(4)中如何确定点的位置存在疑惑，为此教师可在平板电脑上设置讨论区予以答疑解惑：一是利用数形结合的思想确定 P 点的坐标，利用坐标联系三角函数值；二是给出角的大小后，如何确定终边上点的坐标。

三、二次备课设计

本部分的设计意图是让学生从实际的摩天轮案例入手，激发学生的学习兴趣和学习动力，让学生经历一个数学归纳概括的过程，一个合乎逻辑推理的过程，在数学建模中体会演绎推理，展现数学的基本思想，培养学生的抽象、逻辑推理、建模的核心素养。然后，通过小组讨论，让学生探究问题的解决方案，并在平板电脑上展示成果。

如何抽象出数学问题，对该问题运用什么数学知识解决，具体如何操作，就是让学生经历一个数学建模的过程，培养学生实际应用数学解决问题的核心素养。另外，通过问题导引，借助锐角三角函数的定义，让学生自主学习微课，理解摩天轮的问题。学习目标是让学生通过对微课的学习和问题讨论，掌握数学的建模思想。

通过对上述问题的探究，引导学生学会应用三角函数的定义，解决实际问题，并让学生掌握研究数学对象的基本套路，培养学生的数学思想，积累活动经验，能够发现问题并提出问题，提升数学学科的核心素养。最终，通过本部分的学习，在任意角三角函数的定义下，让学生学会用定义解决任意角的三角函数问题，还会借助三角函数值表示对应点的坐标，培养发展学生的数学抽象和直观想象等数学素养。

四、课堂小组合作学习设计

学生已经学习过在直角三角形中锐角的三角函数和以锐角的为自变量的三角函数和此时教师可根据学生掌握的知识，让其自主探究下列小组合作学习任务（平板电脑推送）：

(1)能否用直角坐标系中角的终边上的点 $P(a,b)$ 来表示锐角三角函数呢？

(2)提出一个任意角的三角函数的定义。

(3)设角 α 终边上与单位圆的交点为 $P(x,y)$，重新定义三角函数。

(4)设角 α 终边上有一点 $P(x,y)$，尝试求角 α 的正弦、余弦、正切值。

(5)借助于三角函数的定义，能否得到角在各个象限内的三角函数值的正负？

教师让学生分小组讨论交流，在平板电脑上展示成果。这样做的优势是可以引导学生积极思考问题，以学定教，合作学习，从已有的知识出发，探究未知的知识，让学生感受学习探索发现的乐趣与成功感，培养学生的探索精神和严谨思考的学习习惯。小组合作学习量表如表 4-1 所示：

表 4-1　小组合作学习量表

主题	姓名	个人贡献	小组贡献	小组部分	量化标准
合作探究	××				优秀：4 分
	××				良好：3 分
	××				一般：2 分
	……				参与：1 分

五、课堂拓展训练设计

教师让学生阅读《论各种三角形》，通过平板电脑上的资料库学习三角形在天文学研究中的作用，制作三角函数及其发展手抄报或者幻灯片。本部分的设计意图是通过让学生阅读数学相关的专著，提升学生学习数学的兴趣；通过让学生学习关于三角形与天文学的著作，加深学生对三角函数的理解，并能应用其解决问题；落实“以学生的发展为本，立德树人，提升素养”的目的。

在学习型课堂上，教师应当对教材、教学内容做好分析，充分考虑学生的学习经验与学习规律，构建的课堂应以“学习型”为主，整合相应的教学内容，挖掘、丰富教材的趣味与内涵，激发学生的学习兴趣，遵循学科规律，提高课堂效率，构建多元化的学习方式。另外，对教材的分析还需加强，对课堂的总体掌控情况仍需提升。

六、专家点评

本节课知识环节完整，具有清晰的逻辑结构，符合新课程理念。课堂上从现实的摩天轮问题延伸到物理上的圆周运动，结合了周期变化，以问题式教学引导学生自主学习，让学生亲历概念的形成，感受动态教学，师生互动，在问题探究中引导学生发现并解决问题，激发学生的学习热情和学习兴趣。

——何永安（中学高级教师，烟台市名师工作室主持人）

（山东省牟平第一中学　王春燕）

第二节　觅通幽曲径，绽智慧芬芳

——以“双曲线及其标准方程”为例

本节课采用平板电脑教学，教师通过布置学习任务，让学生先自主预习，把预习中的疑惑发到平板电脑讨论区，教师再针对讨论区未解决的问题开展二次备课，充分发挥了学生的学习主动性。通过放手让学生分组合作解决问题，呈现解决问题的思路及方法，构建“以学习为中心”的课堂教学，极大地提高了学生独立解决数学问题的能力，培养了学生学习数学的兴趣，有助于提高学生的数学学科素养。

本节课是普通高中教科书《数学·选择性必修·第一册》第三章第二节“双曲线”的第一课时，本章对每一种曲线都按照“曲线的几何特征→曲线的标准方程→通过方程研究曲线的性质→应用”的过程展开。教科书上把椭圆作为重点，注重培养学生的数学思想和数学方法，在双曲线的教学中采用了类比的教学方式，加强知识间的横向联系和沟通，在研究椭圆的标准方程与几何性质的基础上继续研究双曲线的相关知识，在研究椭圆的基础上，双曲线的许多问题可用相似的方法进行类推和猜测，并通过建立方程加以证实。本节教学要注重概念的抽象过程，引导学生通过探究双曲线形成的几何特征建立坐标系，求出双曲线方程，再通过方程运用代数方法进一步学习标准方程的应用，以此促进学生直观想象力和数学运算等核心素养的发展。通过本节课的学习，学生要掌握双曲线的定义，会建立标准方程，为后续研究双曲线的几何性质打下良好的基础。

学生之前已经学习了椭圆的相关知识，基本掌握了椭圆的标准方程和研究策略，这些都为本节课的学习打下了基础。在学习过程中，由直观的图形轨迹到抽象的双曲线概念的形成，对学生而言还有一定的难度，可以通过学生动手操作、小组合作交流的方式突破这一难点。双曲线标准方程的推导过程是本节的难点，需要学生类比椭圆标准方程的推导过程，探究运算方法与技巧，让学生在学习中体会解析几何中方程的思想，函数的思想及数形结合等数学思想，促进学生数学运算、直观想象和逻辑推理素养的提升。

一、课前一次自主预习导学案设计

双曲线的标准方程是课程标准中选择性必修课程系列主题二——“几何

与代数”中的平面解析几何的内容。课程标准指出，平面解析几何的学习可以帮助学生在平面直角坐标系中认识双曲线的几何性质，建立双曲线的标准方程，应用平面解析几何方法解决简单的数学问题和实际问题，感悟平面解析几何中蕴含的数学思想，对本节的要求是“了解双曲线的定义、几何图形和标准方程，以及它们的简单几何性质”。

在高考评价体系中，素质教育的目标为“核心价值、学科素养、关键能力、必备知识”。核心价值为通过联系生活中的实例，落实数学教育中“立德树人”的根本任务。学科素养为能直观认识双曲线的几何特征，会识别双曲线的定义和相关概念，选择适当的平面直角坐标系，根据双曲线定义的符号表示出双曲线的标准方程，能识别焦点在不同坐标轴上的双曲线的标准方程，能说出标准方程中特征量的关系，体现出数形结合的思想、方程的思想、化归与转化的思想、分类与整合的思想，提升学生直观想象、数学运算、数学建模、逻辑推理的能力和数学抽象素养。

问题导入方面，教师通过平板电脑推送歌曲《悲伤双曲线》及生活中与双曲线有关的图片，并让学生阅读课本中的相关内容，探究平板电脑推送的关于双曲线的拉链实验。本部分的设计意图是设置教学情境，引出双曲线的概念，激发学生的学习欲望，让学生能够独立思考，探究双曲线的形成过程，提升学生数学抽象、直观想象及数学建模方面的数学素养。

本部分的学习目标是通过类比椭圆的定义，在平板电脑上推送课件演示，让学生自主探究双曲线的定义，培养学生动手操作的能力，提高学生的相关数学素养。

（一）议题一

教师让学生自主探究双曲线的定义，完成表 4-2。

表 4-2　双曲线的定义

文字语言	平面内与两个定点 F_1、F_2的距离的______等于______的点的轨迹
符号语言	$\|\|PF_1\|-\|PF_2\|\|=$常数 $2a(0<2a<\|F_1F_2\|=2c)$
焦点	定点______
焦距	______的距离

同时让学生思考下面两个问题：

(1)为什么是非零常数？

(2)为什么要求 $0<2a<|F_1F_2|$？

本部分的设计意图是让学生通过平板电脑推送的双曲线形成过程的微视频，归纳双曲线的定义，通过问题设计体会 a 与 c 关系不同形成的轨迹的不同，培养学生独立思考和动手操作的能力，提升学生的数学阅读能力，发展学生数学直观与数学抽象的核心素养。完成表格后，教师向学生推送下面的题目：

(1)平面内到两定点的距离的差等于常数(小于两定点间距离)的点的轨迹是双曲线。(　　)

(2)平面内到点 $F_1(0,4)$、$F_2(0,-4)$的距离之差等于6的点的轨迹是双曲线。(　　)

(3)平面内到点 $F_1(0,4)$、$F_2(0,-4)$的距离之差的绝对值等于8的点的轨迹是双曲线。(　　)

教师让学生归纳总结双曲线定义的文字及符号语言，在讨论双曲线定义的过程中，思考常数 a 与 c 的变化对形成曲线的影响。

(二)议题二

1.学习目标

类比椭圆标准方程的推导过程，推导出双曲线的标准方程，并能总结双曲线标准方程的形式特点；使学生进一步把握坐标法的基本思想，提升学生的数学运算及逻辑推理素养。

2.自主预习

教师让学生探究双曲线的标准方程，回答下列问题：

问题一：类比椭圆标准方程的推导过程，推导出双曲线的标准方程(建系、设点、列式、化简、检验)。本部分的设计意图是通过双曲线标准方程的推导过程，培养学生用数学语言表达问题的能力，树立敢于质疑、善于思考、严谨求实的科学精神，并发展学生的数学运算及数学建模的核心素养。

问题二：教师让学生自主探究双曲线的标准方程的形式及特点，并完成表4-3。

表 4-3　双曲线的标准方程的形式及特点

焦点位置	焦点在 x 轴上	焦点在 y 轴上
图形		
定义		
标准方程		
焦点		
a、b、c 的关系		

本部分的设计意图是通过填表，检测学生对标准方程的理解程度，让学生掌握焦点在 x 轴和 y 轴上的双曲线的标准方程的结构特点，体会 a 、b 、c 三者的关系，培养学生的数学抽象素养，为后续学习奠定理论基础。完成表格后，教师向学生推送下面的题目：

1.根据方程，写出焦点坐标及 a、b 的值：

(1) $\frac{x^2}{25}+\frac{y^2}{9}=1$ 和 $\frac{x^2}{15}-y^2=1$

(2) $\frac{x^2}{3}+\frac{y^2}{4}=1$ 和 $\frac{y^2}{3}-\frac{x^2}{4}=1$

2.根据下列条件，求双曲线的标准方程：

(1)平面内到点 $F_1(0,4)$、$F_2(0,-4)$ 的距离之差等于 6 的点的轨迹方程。

(2)焦点在 x 轴上，$a=25$，经过点 $A(-5,2)$。

(3)过点 $P(3,154)$ 、$Q(-163,5)$ 且焦点在坐标轴上。

然后，教师让学生归纳总结求标准方程的两种方法——定义法和待定系数法，知道求双曲线标准方程要先定焦。学生提出问题并通过平板电脑发送，在平板电脑的讨论区开展讨论。教师推送下列知识运用题目：

1.根据下列条件，求双曲线的标准方程：

(1)以椭圆 $\frac{x^2}{8}+\frac{y^2}{5}=1$ 的焦点为顶点，顶点为焦点。

(2)焦距为 26,经过点(−5,2),且焦点在 x 轴上。

以上题目的设计意图是区别双曲线与椭圆方程中特征量 a、b、c 的关系,体会运用定义求 a 的运算技巧,发展学生数学运算和逻辑推理的核心素养。

2.已知方程 $\frac{x^2}{2+m}-\frac{y^2}{m+1}=1$ 表示双曲线,则 m 的取值范围是______。

变式:

(1)若表示焦点在 x 轴上的双曲线,则 m 的取值范围是______。

(2)若表示焦点在 y 轴上的双曲线,则 m 的取值范围是______。

(3)若表示焦点在 x 轴上的椭圆,则 m 的取值范围是______。

拓展:已知 $m,n\in\mathbf{R}$,则“$mn<0$”是“方程 $\frac{x^2}{m}+\frac{y^2}{n}=1$ 表示双曲线”的______。

A.充分不必要条件　　B.必要不充分条件

C.充要条件　　D.既不充分也不必要条件

3.已知双曲线方程为 $2x^2-y^2=k$,焦距为 6,则 k 的值为______。

4.双曲线 $\frac{x^2}{k}+\frac{y^2}{4}=1$ 的焦点坐标是______。

以上题目的设计意图是让学生掌握双曲线标准方程的结构特点以及双曲线定焦的方法,学会有逻辑地思考问题,进一步发展学生的数学运算能力。

5.双曲线 $4x^2-y^2+64=0$ 上一点 P 到它的一个焦点的距离为 1,则到另一个焦点的距离为______。

6.已知双曲线 $\frac{x^2}{a^2}-\frac{y^2}{b^2}=1(a>0,b>0)$,$F_1$、$F_2$ 为其两个焦点,若过焦点 F_1 的直线与双曲线的同一支相交,且所得弦长 $|AB|=m$,则 $\triangle ABF_2$ 的周长为(　　)

A.$4a$　　B.$4a-m$　　C.$4a+2m$　　D.$4a-2m$

以上题目的设计意图是让学生通过几何图形,直观地理解双曲线的定义,并能应用定义求出具体的双曲线方程,提高学生对几何图形的分析能力,能够熟练应用数形结合的思想。

7. 若 F_1 和 F_2 是双曲线 $\frac{x^2}{9}-\frac{y^2}{16}=1$ 的两个焦点，则：

(1) 若双曲线上一点 M 到它的一个焦点的距离等于 16，求点 M 到另一个焦点的距离。

(2) 若 P 是双曲线左支上的点，且 $|PF_1|\cdot|PF_2|=32$，试求 $\triangle F_1PF_2$ 的面积。

(3) 若 $\angle F_1PF_2=60^\circ$，求 $\triangle F_1PF_2$ 的面积。

本题的设计意图是类比研究椭圆焦点三角形的方法来求双曲线中焦点三角形的面积，重视学生数形结合思想的养成，提升学生数学运算及逻辑推理的核心素养。完成上述题目后，教师对知识进行总结，如图 4-1 所示：

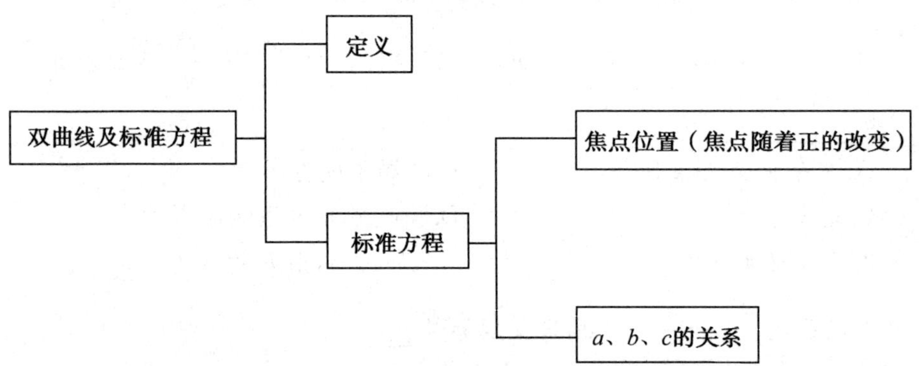

图 4-1 双曲线及其方程的知识总结

三、二次课堂学习导学案设计

教师针对学生对双曲线定义的理解误区，通过学生小组讨论、互相纠错的方式解决问题，让学生深刻理解双曲线的定义，体会 a、c 之间的大小关系对曲线的影响，提升学生直观想象及数学抽象的核心素养，在平板电脑上展示学生在导学案中出现的错误，让学生开展下面的合作探究：

(1)双曲线定义的符号表示：$|PF_1|-|PF_2|=2a$ 对吗？它表示的曲线是什么？

(2)只要 a 不为 0 就是双曲线吗？

(3)若 $||PF_1|-|PF_2||=2a$，$|F_1F_2|=2c$，$2a>2c$ 能形成轨迹吗？$2a=2c$ 呢？

教师让各小组根据上述问题展开讨论，借助于拉链实验，深刻理解形成双曲线的必要条件。小组归纳如下：

$2a=0$ 时，$MF_1-MF_2=0$，M 的轨迹为 F_1F_2 的中垂线。

$2a=|F_1F_2|$ 时，M 的轨迹为射线 F_1M 和 F_2M。

$2a>|F_1F_2|$ 时，M 的轨迹不存在。

然后，教师推送“错题再练”如下：

1.已知点 $A(-2,0)$ 和点 $B(2,0)$，动点 P 满足 $|PA|-|PB|=3$，则点 P 的轨迹是(　　)

A.椭圆　　B.双曲线　　C.双曲线的一支　　D.线段

2.在 $\triangle ABC$ 中，已知点 $B(-5,0)$ 和点 $C(5,0)$，点 A 满足 $\sin B-\sin C=\frac{3}{5}\sin A$，求点 A 的轨迹方程。

教师通过让学生对平板电脑推送的双曲线推导过程中出现的问题进行探究，知道双曲线的建系方法和运算方法与技巧，在探究中提升数学运算的核心素养；同时呈现学生在预习双曲线标准方程的建立中出现的错误运算。然后，让学生通过合作探究，讨论下列问题，并归纳总结成表 4-4。

(1)分两组讨论焦点在 x 轴和 y 轴上的双曲线的标准方程的建立过程。

(2)讨论椭圆与双曲线的区别。

表 4-4　椭圆与双曲线的区别

		椭圆	双曲线
定义		$\|MF_1\|+\|MF_2\|=2a$ $(\|F_1F_2\|<2a)$	$\|\|MF_1\|-\|MF_2\|\|=2a$ $(0<2a<\|F_1F_2\|)$
a、b、c 的关系		$b^2=a^2-c^2$	$b^2=c^2-a^2$
方程	焦点在 x 轴上	$\frac{x^2}{a^2}+\frac{y^2}{b^2}=1(a>b>0)$	$\frac{x^2}{a^2}-\frac{y^2}{b^2}=1(a>0,b>0)$
	焦点在 y 轴上	$\frac{y^2}{a^2}+\frac{x^2}{b^2}=1(a>b>0)$	$\frac{y^2}{a^2}-\frac{x^2}{b^2}=1(a>0,b>0)$

完成上面的表格后，再让学生完成下面的错题再练：

1.已知方程 $\frac{x^2}{1+m}+\frac{y^2}{m-2}=1$ 表示双曲线，则 m 的取值范围是(　　)

A.$(-1,+\infty)$　　B.$(2,+\infty)$

C.$(-\infty,-1)\cup(2,+\infty)$　　D.$(-1,2)$

2. $k<1$ 是方程 $\frac{x^2}{3-k}+\frac{y^2}{k-1}=1$ 表示双曲线的（　　）条件

A.充分不必要　　B.必要不充分　　C.充要　　D.既不充分也不必要

3. $\left|\sqrt{x^2+(y+3)^2}-\sqrt{x^2+(y-3)^2}\right|=4$，则$(x,y)$满足的轨迹方程是________________。

4.双曲线 $8kx^2-ky^2=8$ 的一个焦点是$(0,3)$，则 k 的值为______。

展开小组讨论，让学生探究求标准方程的方法，提升学生的运算素养，并给出学生在求标准方程中容易出现的问题：一是计算错误，二是求标准方程的方法不灵活。为此，教师用平板电脑推送“错题再练”如下：

(1)与双曲线 $\frac{x^2}{16}-\frac{y^2}{4}=1$ 有公共焦点，且过点(32,2)。

(2)过点 P(3,154)，Q(−163,5)且焦点在坐标轴上。

完成“错题再练”后，教师再用平板电脑推送“拓展提升”如下：

1.已知方程 $kx^2+y^2=4$，其中 k 为实数，对于不同范围的 k 值，分别指出方程所表示的曲线类型。

2.双曲线中焦点三角形的问题：若 F_1、F_2是双曲线 $\frac{x^2}{9}-\frac{y^2}{16}=1$ 的两个焦点，则：

(1)若 P 是双曲线左支上的点，且$|PF_1|\cdot|PF_2|=32$，试求$\triangle F_1PF_2$的面积。

(2)若$\angle F_1PF_2=60°$，求$\triangle F_1PF_2$的面积。

三、二次备课设计

(一)“悲伤双曲线”

教师用平板电脑推送歌曲《悲伤双曲线》，并展示生活中的双曲线图形，引出本节课的主题。本部分的设计意图是设置教学情境，板书本节的主题——双曲线及标准方程，激发学生的学习欲望，培养学生的学习兴趣，提升学生数学抽象、直观想象及数学建模的数学素养。

教师针对学生对双曲线定义的理解误区，通过学生小组讨论、互相纠错的方式解决问题，让学生深刻理解双曲线的定义，体会 a、c 之间大小关系对曲线形状的影响，提升学生直观想象及数学抽象的核心素养。最后，让学生开展如下的合作探究：

(1)双曲线定义的符号表示“$|PF_1|-|PF_2|=2a$”对吗？

(2)只要 a 不为 0 就是双曲线吗？

(3)若$||PF_1|-|PF_2||=2a$，$|F_1F_2|=2c$，则 $2a>2c$ 能形成轨迹吗？则 $2a=2c$ 呢？

(4)如果$|PF_1|-|PF_2|=2a(0<2a<2c)$能否表示曲线？

(5)小组展示“错题重练”的正确答案，归纳为：

$2a=0$ 时，$|MF_1|-|MF_2|=0$ 时，M 的轨迹为 F_1F_2 的中垂线。

$2a=|F_1F_2|$ 时，M 的轨迹为射线 F_1M 和 F_2M。

$2a>|F_1F_2|$ 时，M 的轨迹不存在。

本部分的设计意图是让各小组根据上述问题展开讨论，借助于“拉链实验”，深刻理解形成双曲线的充要条件，培养学生独立思考，合作解题的能力，提升学生分类讨论的数学思想及严谨的逻辑推理和数学建模的核心素养。

(二)双曲线标准方程的结构特点

通过让学生练习理解双曲线的结构特点，掌握双曲线中 a、b、c 的判断及三者的关系，在实践操作中提升学生数学运算及数学建模的核心素养。在课堂上，教师可以让学生开展如下的合作探究：

已知双曲线 $8kx^2-ky^2=8$ 的一个焦点是(0,3)，求 k。

变式：(1)焦距为 6 呢？

(2)方程 $8kx^2-ky^2=$可以表示椭圆吗？

拓展：$\frac{x^2}{k-3}-\frac{y^2}{k-4}=1$ 何时表示双曲线，何时表示椭圆？

本部分的设计意图是通过小组讨论的成果展示让学生明确：①求焦点、焦距要化成双曲线的标准方程的形式；②双曲线焦点随着正的而变化，椭圆焦点随着大的而变化，且 $a\neq b$，以此来提升学生的逻辑推理及数学运算的核心素养。

(三)根据条件选择适当的方法求双曲线标准方程

本部分的学习目标是通过小组讨论，探究求标准方程的方法，提升学生的运算素养。在课堂上，教师可以让学生开展如下的合作探究：

(1)与双曲线 $\frac{x^2}{16}-\frac{y^2}{4}=1$ 有公共焦点，且过点 $P(32,2)$，求双曲线标准方程。

(2)过点 $P(3,154)$、$Q(-163,5)$ 且焦点在坐标轴上,求双曲线标准方程。

小组总结:题(1)引申出已知焦点和曲线上一点的解题方法(待定系数法、定义法)。题(2)列式技巧:焦点不明确,所以设 $Ax^2-By^2=1$。

本部分的设计意图是考查学生对双曲线标准方程及 a、b、c 之间关系的理解与掌握水平。进行课堂小结时,教师让学生畅谈收获,不仅可以谈知识层面的收获,而且可以谈数学方法和数学素养方面的收获,以提高学生的自我认知能力。

四、课堂小组合作学习设计

(一)双曲线定义的形成

教师让学生通过平板电脑观看推送的双曲线定义动画,分组进行实验操作,步骤为:①取一条拉链拉开,在两支上各选一点,左右两点不对称;②把两点固定;③笔尖套住拉链头拉动。完成实验后教师提出以下问题:

(1)双曲线定义的符号表示:$|PF_1|-|PF_2|=2a$ 对吗?小组讨论成果:表示错误,应该是 $||PF_1|-|PF_2||=2a(a\neq 0)$,当 $a=0$ 时,P 点在线段 F_1F_2 的中垂线上。

(2)只要 a 不为 0 就是双曲线吗?小组讨论成果:根据实验演示,要形成双曲线,必须满足 $0<2a<2c$。

(3)若 $||PF_1|-|PF_2||=2a$,$|F_1F_2|=2c$,$2a>2c$ 能形成轨迹吗?$2a=2c$ 呢?小组讨论成果:$2a>2c$ 无轨迹,$2a=2c$ 形成以 F_1 或 F_2 为端点的射线。

(5)如果 $|PF_1|-|PF_2|=2a(0<2a<2c)$,能否表示曲线?小组讨论成果:应该得到靠近 F_2 的双曲线的一支。

本部分的设计意图是通过小组合作,锻炼学生的实践操作能力,让学生能亲身感受双曲线的动画形成过程,培养学生数学抽象的核心素养。

五、课后拓展训练设计

教师让学生查资料,了解双曲线的实际应用,如双曲线定位系统、双曲线的光学性质及应用等。本部分的设计意图是通过让学生了解双曲线在社会生产、日常生活和科学技术上的广泛应用,训练培养学生创新的能力、分析问题的能力、解决问题的能力,提升学生数学建模、数据分析的核心素养。

六、自我反思

在本节的教学中，由于学生已经学习了椭圆标准方程的建立与应用，所以对双曲线标准方程的形成与推导过程的教学，主要是放手让学生类比发现、验证，自主解决这一过程中出现的问题，学习效果较为明显。

《数学课程标准》指出，有效的数学学习活动不能单纯地依赖模仿与记忆，动手实践、自主探索与合作交流是学生学习数学的重要方式。本节课通过创设问题情境，让学生进行观察、实验、猜测、验证、推理和交流，在整个教学过程中，一直是以学生的学习为中心，让学生多做，构建了“以学习为中心”的课堂教学。

本节课的缺点为：学生自我纠错的过程时间有点仓促，主要是怕完不成教学进度，所以学生小组讨论的过程给的时间不够充分，还是应该给学生多留一点思考时间。

七、专家点评

本节课的教学以学生为主体，以学生的学习为中心，以培养学生良好的学习方式为出发点，立足于学生的发展，让学生亲身体验双曲线的形成过程，通过小组讨论等多种方式获取知识和信息，从而达到了提高学生学习素养的目的，教学效果良好。

——何永安（中学高级教师，烟台市名师工作室主持人）

（山东省牟平第一中学　张　红）

第五章　英语学科

第一节　拓展文化视野，珍视血脉亲情

——以“Like Father, Like Son”为例

自实施信息化教学以来，笔者对“先学后教，以学定教，因学定教”的智慧课堂有了更加深刻的理解和体会，不仅提升了学生的学习效率，而且也提升了教师的信息化教学素养，使精准教学成了常态。笔者执教的《高中英语·必修一·第一册》第3单元 Like Father, Like Son，题材指向文化—戏剧，主题凸显人与自我，解决家庭冲突，树立正确的家庭观。

本着这两个方向，笔者根据“学习中心式”课堂的理论，构建了自主预习导学案，先录制约5分钟的关于戏剧背景知识的微课，推送给学生自主学习，学生对此很感兴趣，非常顺利地完成了关于戏剧知识的思维导图。另外，进入课文学习前，先让学生对家庭冲突进行了自我体验，为解决冲突的相关语言学习做好了铺垫。通过平板电脑推送预设的问题，教师掌握了学生最真实的学习反馈，为二次备课提供了很好的备课方向。在正式上课的过程中，因为学生有了对相关文化的了解和知识储备，因此课堂参与度高，师生互动流畅，甚至产生了共鸣。尤其是当堂表演戏剧的时候，学生的表演和语言给笔者带来了惊喜。后期，笔者将学生的表演录制成小视频，再次推送给学生欣赏，再次激发了学生创作戏剧的激情。同时，笔者让学生以录制音频的形式分享了解决与父母发生冲突的方法，帮助学生树立了正确的家庭观念，提升了学科素养，可谓“一举两得”。

本节课所采用的教材版本为外语教学与研究出版社的《高中英语·必修·第一册》第3单元。本套教材坚持“立德树人”的根本任务，突出了学科核心素养的重要性，坚持理论与实践的辩证关系；帮助学生全面培养语言能力、文化意识、思维品质和学习能力，以实践促进提升，形成正确的世界观、人

生观和价值观。教材遵循“理解—发展—实践”的原则,以“主题”为纲,活动设计紧密围绕主题语境,并在学习过程中强调对学习策略的培养。教材突出文化意识(尤其是跨文化意识)的建构与发展,通过介绍及比较中外文化,帮助学生更好地理解文化异同,学会理解和包容不同文化,提升道路自信和文化自信。

本版块呈现了一篇反映单元主题的课文,语篇类型为戏剧,讲述了父亲和儿子因立场不同,就儿子的未来职业规划产生了分歧和冲突,并最终由祖父调和的故事。所教授的学生是高一新生,学生的总体学习能力较强,三分之一的学生具备良好的语言基础和语言素养,剩下三分之二的学生英语基础较薄弱,口语表达不够流畅。高一学生在生理和心理上都不够成熟,在学习生活方面容易与父母产生矛盾分歧,因此本课较有针对性。

一、课前一次自主预习导学案设计

学科核心素养是学科育人价值的集中体现,是学生通过学科学习而逐步形成的正确价值观、必备品格和关键能力。英语学科核心素养主要包括语言能力、文化意识、思维品质和学习能力。英语课程内容是发展学生英语学科核心素养的基础,包含六个要素:主题语境、语篇类型、语言知识、文化知识、语言技能和学习策略。本单元属于主题语境中的“人与自我”,语篇类型属于戏剧。

从核心价值指标体系的角度来看,二级指标中的“品德修养”的指标内涵包括:培育并践行社会主义核心价值观,有大爱、大德、大情怀;遵守社会公德和职业道德,崇尚家庭美德,培育个人品德;理性对待矛盾冲突。从学科素养指标体系的角度,学生要根据应对问题情境的需要,合理地组织、调动各种知识与能力,系统化、多层面、多角度地分析新信息的实质,把握新旧信息的联系,形成对新信息的准确判断、分析和评价。

教师通过平板电脑推送一段约5分钟的微课,让学生了解戏剧的相关知识。本部分的设计意图是让学生了解戏剧的构成、戏剧的历史和英国的戏剧大师莎士比亚,符合普通高中英语的课程目标,即培养具有中国情怀、国际视野和跨文化沟通能力的社会主义建设者和接班人。

本部分的学习目标如下:

(1)通过微课学习,让学生了解戏剧相关知识。

(2)通过自主学习课文,让学生理解标题的隐含意义,学习戏剧的构成和语言特点;学习完成后学生应能够表演戏剧,并运用所学创作戏剧。

(3)通过学习本课,学生应能学会合理解决家庭矛盾和树立正确的家庭观。

(一)议题一

在自主预习阶段,教师让学生预习 Understanding ideas 部分的相关词汇,扫除课文阅读障碍,具体词汇如下:

1.话题词汇

conflict [ˈkɒnflɪkt] n.矛盾;冲突

apologize [əˈpɒlədʒaɪz] v.道歉

forgive [fəˈgɪv] v.原谅

miss [mɪs] v.错过;怀念;未击中

approach [əˈprəʊtʃ] v.靠近;接近

ignore [ɪgˈnɔːr] v.忽视

persuade [pəˈsweɪd] v.说服

option [ˈɒpʃn] n.选择

plot [plɒt] n.情节

annoyed [əˈnɔɪd] adj.恼怒的;气恼的

resolution [ˌrezəˈluːʃn] n.解决

dialogue [ˈdaɪəlɒg] n.对话

drama [ˈdrɑːmə] n.戏剧(同义词 play)

make up for… 弥补

go camping 去野营

raise his voice 抬高嗓门

turn to sb. for help 向某人求助

care about sb. 关心某人

complain about sth. to sb. 向某人抱怨某事

Michigan [ˈmiʃigən] n.密歇根州(美国州名)

2.情感词汇(写出英语表达)

教师展示几幅关于情感的图片,让学生写出相应的单词。另外教师可提问:"除了以上的情感,你还知道其他表示情感的英语词汇或表达吗?写下来跟大家分享吧!"

3.语境猜词

教师先给出下面的句子,然后让学生根据语境猜词。

(1)You'd better not jump in with both feet before you know the facts.

(2)Alice didn't go to school yesterday because he was off sick.

(3)I stopped and waited for her to catch up.

(4)The two old friends spent a long time catching up on each other's families because they hadn't seen each other for 10 years.

本部分的设计意图是让学生掌握话题词汇,为深入理解文本做好铺垫。通过自我验收,让学生完成平板电脑推送的词汇练习,对本部分的重点词汇做出梳理并巩固记忆。针对本部分预习内容,可让学生提出自己的疑问。教师可以在平板电脑上设置讨论区,让学生开展生生讨论(对本部分的词汇用法或者在新语境中的运用),以培养学生发现问题、提出问题并解决问题的能力。

(二)议题二

教师让学生预习课文,找出戏剧基本要素的具体呈现;解读课文标题的隐含意义,完成课本上的两个练习。本部分的设计意图是让学生学习单元话题中的语篇,掌握语言的整体性特征和语篇所要传递的意义。

通过自我验收,让学生完成平板电脑推送的词汇练习,教师总结归纳本部分的重点词汇,做出梳理并让学生巩固记忆。针对本部分预习,可以让学生提出自己的疑问,在平板电脑上设置讨论区,让学生开展生生讨论,如讨论语篇的语言特点和构成,意图是通过阅读让学生学习语言知识,通过阅读拓展学生的思维,提高他们的审美、鉴赏和评价的能力。

(三)议题三

教师让学生通过自主预习,完成剧本创作,具体过程如下:

(1)Watch the video and get the conflict.

(2)Complete the play-group work.(小组合作,完成剧本写作任务)

(3)Act the play out.

视频剧本:

(*in the dinning room, in the morning, Grandfather, father and son are talking*)

Robbie:Good morning. Dad.

Grandfather:How's my grandson?

Robbie:(*looking up from his book*) Fine, Grandpa. Fine! What's all the cheering about? Did the University of Michigan win another football game?

Grandfather:(*excited*) Better than that. Tell him, Philip.

Father:I just spoke with Charley Rafer.

Robbie:Who's Charley Rafer?

Father:He's the Dean of Admissions for the University of Michigan. (Michigan大学招生办主任)

Grandfather:And it turns out he's a classmate of Philip's.

Robbie:Great!

Father:It's great. He's going to be in New York tomorrow to interview applicants for admission.

Grandfather:And he's agreed to fit you into his schedule.

Robbie:But I may not want to go to Michigan.

Father:(*waving his hand*) It's one of the best schools in the country, Robbie. I studied medicine there. Your grandfather went to the Engineering School there.

Robbie:I know that, but……

Grandfather:You said you wanted to be a doctor like your father.

Robbie:(*shaking his head*) Not exactly.

Grandfather:______________________________

Robbie:Yes, I know that.

Father:(*looking at his son seriously*) Let's meet with Charley at the university club. Ten o'clock tomorrow morning. ______________________.

Grandfather:______________________________.

Robbie:In that case, it's OK. Dad.______________________________

____.

Father:You're right, Robbie.But_________________________________

____.

Father:I know it's sudden, Robbie. But ____________________________

____.

Robbie:Sure, Dad.

Father:(*patting Robbie's shoulder slightly*) I want you to know something. Son. ____

____.

Robbie:Thanks, Dad.

本部分的设计意图是引导学生学习中外文化知识,努力将文化知识内化为具有正确价值取向的认知、行为和品格。通过剧本的创作,引导学生树立正确的家庭观。同时,让学生完成导学案中的问题,总结概括在生活中如何解决与父母之间的冲突。教师可在平板电脑上设置讨论区,让学生分享目前与父母之间存在的仍未解决的冲突,让学生各抒己见,提出解决方案。

完成上述内容后,可开展下面的"知识运用":

(1)开展片段翻译练习,在新语境中运用所学的词汇和句式。

(2)根据所学,通过小组合作续写戏剧片段或者创作剧本。

本部分的设计意图是培养学生的语言运用能力、思维品质和文化意识,学会做人处世,成长为有文明素养和社会责任感的人。

最后总结时,教师让学生自主构建本话题的思维导图(学生在平板电脑上拍照上传)。本部分的设计意图是提升学生的思维品质和学习能力,帮助学生提升分析和解决问题的能力,培养学生做好英语学习的自我管理,养成良好的学习习惯。

二、二次课堂学习导学案设计

在课堂上,教师发现语境猜词中的 catch up 是学生未能完成的任务。为此,可以以一段相关的听力文本进行填空练习,然后再进行猜词训练,具体材料如下:

Today,I was in a school play, but Mum missed it. Later, on the phone she apologized and explained that she was busy with work because someone was off sick. I wish she had come! I know she's been busy recently, and I understand that. I'm just worried about her. I don't like seeing her so tired and pale. I think she needs to take some time off work to relax. I told her my worries. To make up for it, next week we plan to go to the countryside together. We'll go camping and have a picnic. Most importantly, we'll have time to talk and catch up. I'm really looking forward to it.

教师让学生展开合作探究,讨论要点是小组合作,根据文本的语境,再次猜测 catch up 的词义。同时，教师可以再列出三个相应的例句巩固 catch up，方式为英汉互译。

根据课文所学，要让学生学会用英语表达与父母产生冲突后的情感变化以及解决措施。本部分的问题呈现如下：

❖How will you feel when your mother forget your parents' meeting? How do you deal with it?

I will feel ____________________.

I will _______________________(根据实际情况做出选择)

◇Shout at her and complain(抱怨) about it to her.

◇Communicate with her and let her know my feelings.

◇Keep a diary and release(释放) my feelings but do not mention it.

◇Make her make up for her fault(过错).

◇Forgive her and understand her.

……(也可以写出其他的解决办法)_________________

❖What conflicts have you had with your parents? How did you deal with them? (根据实际情况做出选择，也可写出其他的矛盾冲突)

A.Time table (作息时间)

B.Clothing

C.Making friends

D.Hairstyle

E.Choosing my future area of study

F.Playing computer games

G.Staying up late(熬夜) for the final exam

H.Junk food

My solution____________

◇Ignore parents' words

◇Turn a deaf ear to their words(充耳不闻)

◇Follow their advice

Stick to my decision

◇Make a proper concession(让步)

◇Discuss/argue about it calmly with them

◇也可以写其他的解决方法________________

教师让学生展开合作探究，以小组讨论的方式交流以上问题。最终，通过对课文的学习，学生要能通过小组合作的方式创作英文剧本。在此过程中发现的问题是，学生不能完整地完成剧本续写，设置的难度过大。对此，通过简化问题、给予汉语提示、标注具体要求、回看视频等手段，多角度地给学生提供可思考的方向和线索，具体操作如下：

视频剧本：要求（完成 settings、两处 actions 和后面的对话）

温馨提示：语言构建可参照课本文本和导学案中的语言支撑

Settings：（________________________________）

Grandfather and Father：（*coming in and singing*）Hail to the victors valiant. Hail to the conquering heroes. Hail, Hail to Michigan. The champions of the West.

Robbie：Good morning, Dad.

Grandfather：How's my grandson?

Robbie：（*looking up from his book*）Fine, Grandpa. Fine! What's all the cheering about? Did the University of Michigan win another football game?

Grandfather：（*excited*）Better than that. Tell him, Philip.

Father：I just spoke with Charley Rafer.

Robbie：Who's Charley Rafer?

Father：He's the Dean of Admissions for the University of Michigan.

Grandfather：And it turns out he's a classmate of Philip's.

Robbie：Great!

Father：It's great. He's going to be in New York tomorrow to interview applicants for admission.

Grandfather：And he's agreed to fit you into his schedule.

Robbie：But I may not want to go to Michigan.

Father：（此处写上父亲的 *action* ____________）It's one of the best schools in the country, Robbie. I studied medicine there. Your grandfather went to the Engineering School there.

Robbie：I know that, but……

Grandfather：You said you wanted to be a doctor like your father.

Robbie:(此处写 *Robbie* 的 *action* ________) Not exactly.

Grandfather:________________

Robbie:Yes, I know that……

Father:(*looking at his son seriously*) Let's meet with Charley at the university club. Ten o'clock tomorrow morning.____________.

Grandfather:________________.

Robbie:In that case, it's OK. Dad.________________

________________________________.

Father:You're right, Robbie.But________________

________________________________.

Father:I know it's sudden, Robbie. But________________

________________________________.

Robbie:Sure, Dad.

Father:(*patting Robbie's shoulder slightly*) I want you to know something. Son.________________________

________________________________.

Robbie:Thanks. Dad.

本部分的中心议题是如何让学生根据所学内容创作剧本,小组成员的讨论要点一是戏剧中人物的情感和动作描写,二是解决矛盾冲突的策略,三是地道语言的表达。总结归纳为:戏剧的创作需要根据人物的身份和性格特点定位人物的动作和情感,英语戏剧创作需要掌握相关的语言表达作为支撑,才能写好剧本。

三、二次备课设计

教师通过《父与子》中的一篇配有插图的英文短文导入课文 Like Father, Like Son.本部分的设计意图是让学生发展的核心素养是可教、可学、可沉淀、可迁移和可评价的。教师选取学生熟悉的素材,可学可教,能引起学生的学习兴趣,同时指向学科素养中的语言能力中看和说的能力,以及使用语言过程中的语言意识和语感。

在之前的一次预习学案中,学生的问题是如何用英语表达各种情感,通过书写情感词汇和对学生在一次预习学案中的答案进行进一步的拓展,符合英语学科素养中对学习能力的提升。

然后，通过对比信息的呈现，让学生准确理解标题的隐含意义，具体题目如下：

Being a ________ was the father's dream, but grandfather wanted him to be an ________.

He wants to have a career in ________, but the father wants him to be a ________.

教师通过让学生展开小组合作的方式，模仿 Like Father, Like Son 进行拓展造句练习，例如"有其师必有其徒""书如其人""有其母必有其女"，最后由小组代表分享，由此提升学生的发散性思维和创造性思维。

教师根据一次预习学案中学生不能准确表达如何解决冲突的问题，通过让学生观看《走遍美国》中的 It's up to you，学习语言表达和解决冲突的策略，让学生提升分析和解决问题的能力。最终，通过让学生观看视频，了解父子间的矛盾冲突和解决冲突的策略。

具体操作时，通过小组合作的方式，选取 It's up to you 视频中的前半部分，设置如下问题的问题，最后由小组代表分享：

(1) Robbie's grandfather and father tries to ________ him to ________. ________ But Robbie doesn't want to.

(2) How would they solve the conflict if you were the director(导演)?

本部分的设计意图是通过分析概括、整合推断、批评评价各种问题或思想观点，有理有据地提出自己的观点，创造性地解决问题。

完成上述内容后，让学生分享与父母发生过的一次冲突，阐述一下自己是如何解决的，并以英文日记的形式写下来，在全班分享。分享完成后，进行课堂小结如下：

After completing this lesson, I can rate my performance:

1 (excellent)　　2 (good)　　3 (in need of improvement)

◇master more new chunks(词块)

◇know more about a play/drama

◇write a simple play/drama

◇learn how to solve family conflicts

I have learned to make use of the following words and expressions: ________

____

I still need to improve: ________

四、课堂小组合作学习设计

(一)表演戏剧 Like Father, Like son.

流程:四人一组,一人当导演,负责安排三个人物的角色、朗读时的语音和表演时的动作情感,准备时长为10分钟。选三组到台前表演,教师为其录制视频,其他组根据表演情况给予中肯评价,评出最佳表演奖。

优势:通过分角色表演,不仅让学生巩固了所学的课文,而且还进一步亲身体会了戏剧的语言魅力,同时锻炼了学生的自主学习能力和自我定位能力,一举三得。

呈现效果:表演者赢得了全班同学的掌声,获得了一次快乐的英语学习体验,这种方式深得学生喜欢,激发了学生的英语学习热情,为下一步的戏剧创作做了很好的铺垫。

(二)创作戏剧(课后学习任务)

流程:四人一组,根据个人所长分工合作,可根据莎士比亚的相关戏剧进行改编或者围绕校园话题进行创作,对剧情设置、语言构建、动作表情安排、审核校对提出具体要求。利用一个星期的时间完成剧本,教师利用自习时间进行分组指导,然后在班级内进行剧本的相互交流评价。

优势:通过让学生合作完成一个剧本的创作,极大地锻炼了学生的创造性思维和合作共赢的理念,为学生长期的发展奠定了良好的基础。

呈现效果:学生成为英语学习的主动参与者,成为课堂上的真正主人。

五、课后拓展训练设计

教师选取莎士比亚的经典戏剧《李尔王》,指导学生阅读学习。首先让学生阅读全文,根据戏剧的构成要素完成下面的表5-1。

表5-1　戏剧的构成要素

Basic elements	Detailed information
Characters	
Setting	
Plot	
Actions	

完成表格后，让学生写一个故事概要，120 词左右。最后，让学生介绍另一部自己了解的莎士比亚的经典戏剧，在班级内进行分享。本部分的设计意图是拓展学生的国际视野，培养文化意识。

六、自我反思

本节课的亮点之一是根据自主预习中学生反馈的问题进行二次备课后，选用《父与子》的英文版本的小故事作为导入环节，主题与课文一致，同时可引起学生的共鸣。亮点之二是在学习文本的过程中，始终本着“以学生为中心”的原则，充分发挥了学生的主观能动性，学生能做的，教师绝不代替。教师以由浅入深的问题设置引领学生进行发散性思维，提升了学生的批判性思维能力。亮点之三是学习文本后，让学生对此戏剧进行了分组表演，学生的参与度高，收到了很好的学习效果。

本节课的不足之处在于处理文本标题的理解环节做得不够灵活，太拘泥于教参给的解释，应该给学生更大的解读空间。另外，学习完文本后播放的视频片段中，矛盾冲突可以直接让学生进行表述，这样更能提高学生的语言表达能力。表演环节缺少评价量表，对三组的表演情况教师应给出相应的评价。

七、专家点评

本堂新授课在总体设计上符合“学习中心式”课堂的要求，课堂设计环节体现了“以学生为中心，先学后教，以学定教”的教学理念。整个授课流程完整流畅，由浅入深，环环相扣，符合学生的学情；课堂设计遵循英语语言的学习规律，导入环节和戏剧表演环节极大地激励了学生的学习兴趣。在最后的表演环节设置相应的评价量表就更好了。

——曲绍环（中学高级教师，牟平一中英语学科资深教研组长）

（山东省牟平第一中学　付　娜）

第二节 Discovery: The Way to the Beauty and Truth

——以第 5 单元“A Journey of Discovery”为例

在本节课教案的设计过程中，笔者采用任务型教学方式来模拟真实生活，创设真实情境，以期让学生在解决问题的过程中发现问题，激发学生的创新性思维，提升学生的英语学科核心素养。课程任务的设计注重由易到难，层层深入，坚持“学生为主体，教师为主导，任务为基础”的教学原则。本课设计形式多样，视频、游戏、填空、选择、自主探究、合作探究等活动融为一体，力求设计的每个步骤都能激发学生的学习热情，使学生学有所得。学生完成任务的过程也是理解、学习并运用知识的过程。

本课所用的教材为外语教学与研究出版社新教材《普通高中英语·选择性必修一》第 5 单元“A Journey of Discovery”的第 2 课时。本课为阅读课，以时间及行程路线为线索，介绍了著名生物学家达尔文完成著作《物种起源》的故事，旨在引导学生体会科学探索的艰辛，学习科学家不畏艰难、大胆质疑、勇敢探究的科学精神和创新精神。课前，笔者给学生准备了达尔文的简介以及《物种起源》的社会背景资料，还给学生提供了一个《物种起源》的视频简介，由此学生可以在课前预习的时候对客观历史有所了解。

课堂上，针对发现之旅的历史背景过程及影响，按照时间顺序进行了三方面的讨论。学生对陈述观点以及进一步寻找论据来证明观点的理解有失偏颇，这是需要解决的问题之一。另一个问题就是文章的时间语法，即过去完成时，这个语法是在“袁隆平的一生简介”的语境里体会解决的。“情感升华部分”是笔者自认为最好的高潮。在这一环节，学生运用这节课所学的语句，在实际语境中描写了钟南山的先进事迹，同时又练习了语言点。不足之处就是情感升华部分对当代英雄楷模钟南山院士的简介描写有些仓促，原因是时间不够。

对本节课进行学情分析如下：学生对达尔文的发现有基本的了解，能够通过网络图书馆等渠道查阅相关信息，这有助于学生对课文的理解；学生已经大致掌握了与本文话题相关的词汇，但对科学发现的过程不能准确描述，概括总结的能力也需要不断提升。

一、课前一次自主预习导学案设计

笔者选材的第5单元主题语境隶属于“人与自然”范畴，课标要求学生能够达成以下目标：

一是围绕本单元的主题语境内容，基于本单元提供的多模态语篇，综合运用各种语言技能，具体包括以下三个方面：①掌握本单元有关动植物及生物进化的词汇及表达；②听懂与自然界生物多样性相关的话题；③恰当地使用所学词汇与表达、谈论、阐述相关话题。

二是初步了解中外科学家对大自然的探索，获取世界不同地区的动植物信息，深化对单元主题意义的理解与挖掘。

三是运用单元所学知识，经过比较、分析并联系自身实际，介绍与自然相关的纪录片以及世界著名的自然历史博物馆，积极探索自然，培养不断探究、不断创新的思维意识。

四是在自主、合作、探究式学习的过程中，运用各种策略，结合单元提供的反思性和评价性问题，不断监控、评价、反思和调整自己的学习内容及进程，激发学习兴趣，提升分析问题和解决问题的能力，最终促进自身语言能力、文化意识、思维品质和学习能力的综合提升。

课前，教师可以给学生准备多模态文本材料，让学生有选择权，以此激发学生的学习兴趣，并将兴趣延续到课中任务的完成上。课中针对学生在导学案学习中暴露的问题进行逐个击破；针对学生的错因，通过合作探究，充分利用生生资源等解决问题。课后设计的作业也尊重了学生的学习差异性，既巩固了所学，又拓展了视野。

情境是高考评价体系中的考查载体，课堂上的情境活动设置就是以学生为中心的活动观的体现。本课要体现的学科素养包括：熟悉话题语境，获取文章的主旨大意；感知叙述类文本的语篇结构及语言特点，并按照事情发展的顺序梳理达尔文关于生物进化的发现之旅；在语篇中学习和掌握与话题相关的词汇，并能运用所学词汇进行交流；从达尔文的故事中体会探索的艰辛，学习科学家不畏艰难、大胆质疑、勇敢探究的科学精神和创新精神；汲取积极的科研态度，指导实际的学习生活。

在具体操作中，首先教师播放一段介绍达尔文发现之旅的视频材料，从而导入本课，并向学生提问：“What do you know about Darwin and his discovery according to the video?”本部分为读前的导入活动，旨在帮助学生激活关于生物进化的相关知识及储备相应的词汇，为学习课文介绍达尔文及其重要发现进行铺垫。借助图文、声像并茂的视频，向学生提供多模态材料，能把学生带入宽松愉快的学习环境，让学生主动探索、积极进取，使学生会学、愿学和乐学。

本部分的学习目标如下：

(1)让学生能利用工具书及上下文语境，扫清阅读文本时的词汇障碍，理解文章大意。

(2)让学生在阅读文章后学会解构科研顺序，能按照事情发展的顺序梳理达尔文关于生物进化的发现之旅，并抓取文章的细节信息。

(3)让学生能通过微课学习，发现并掌握“过去完成时”的概念、特点及用法，并能够在真实的语境中灵活运用。

(一)议题一：词汇排障

教师首先让学生开展自主预习，用心掌握以下词汇和句子：

(1)profit(=benefit)

(2)distant countries yet little known

(3)answer the call

(4)first choice

(5)a disgrace to yourself and all your family

(6)despite(=in spite of)

(7)lead to one of the most important scientific discoveries of all time

(8)the young man in question

(9)be fascinated by rocks

(10) After he had spent some time in South America, his room was crowded with samples of the plants and animals he had collected.

(11)come to existence

(12)be similar to each other

(13)adapt to their changing environments

(14)inspire sb. to look for more evidence

(15)a variety of new species

(16)according to what food was available on that particular island

(17)Darwin's scientific studies were so convincing that more and more people started to believe his theory.

本部分的设计意图是通过这一环节，让学生自主完成对基础知识的掌握，这既是对自己词汇量的一种检测，又是一种督促，为后面的课文理解做铺垫。完成上述预习后，再让学生进行下面的自我验收：

(1)各种各样的物种：a ____ of new ____

(2)和……相似：be similar ____

(3)适应正在变化的环境：____ their changing environment

(4)导致了有史以来最重要的科学发现之一：____ one of the most important scientific discoveries ____ all time

(5)开始存在：come ____ exist

(6)他太累了所以停下来休息：He was ____ worn out ____ he stopped for a rest.

(7)在他死之后，人们发现他已经发现了这个理论：After ____，people found that he ____.

教师让学生总结归纳词性转换规律，列举自己在本环节学会的形容词及相应的名词形式，如 distant-distance。至于完成预习后学生的疑问，可以在讨论区发帖提问。本环节其实是对学生批判性思维的训练，学习不仅是一个接受的过程，经过思考后的质疑是更高阶的对学习思维品质的训练。

(二)议题二：深层解构之课本主旨及细节排序

教师首先让学生开展自主预习，并完成下面的内容：

List what happened to Darwin in different periods.

Pre-discovery：________________________

While-discovery：________________________

Post-discovery：________________________

本部分的设计意图是让学生从总体上把握文章，培养学生在短时间内获取信息和概括总结的能力；以列举的形式让学生理解文章的结构框架，在无形中锻炼了学生的归纳能力。完成预习后，教师向学生推送如下的自我验收：

Ⅰ.Choose the main idea of the passage and give your reasons.

1.Darwin's interest in various living things made him a great naturalist.

2.Darwin's journey on the Beagle inspired his Theory of Evolution.

3.Darwin went on a journey to confirm his theory that humans had evolved over time.

Ⅱ. Number the puzzle pieces in order. Organize information from the passage and complete them.

◇On his journey

(1)Darwin studied________

(2)He noticed that some species of animals were________

◇Develop ideas

Darwin suspected that the finches________ and it had________

◇Propose a theory

The Theory of Evolution: living things, including humans________

◇Generate ideas

Darwin asked the questions

(1)How did different species________?

(2)________

◇Look for more evidence

On the Galapagos Islands

(1)He noticed________

(2)It seemed the beaks________

完成后让学生进行总结归纳,归纳主旨时要通读全文,把握好中心词的选择并仔细匹配修饰部分,做到“红花绿叶”相得益彰。本部分在设计上是有梯度的:填写具体信息是每位学生都能完成的,而正确排序则是一个具有挑战性的学习任务。该设计关注学生的学习能力差异,致力于让全体学生都成为成功的学习者。

(三)议题三:语法之过去完成时

教师首先让学生自主预习学习的内容,然后用括号内词语的正确形式完成下面的句子:

(1)The room on the ship was crowded with samples of the plants and animals he________(collect).

(2)People believed that all species________(appear) on Earth at the same time.

(3) Many people refused to believe that living things, including humans,________(evolve) from lower forms of life.

本部分的设计意图是让学生从分析文章中的句子开始，探究过去完成时。本部分充分利用了语篇语境，也加深了学生对文章的理解。完成后，教师向学生推送下面的自我验收(翻译句子)：

(1)在我来之前，他们已经准备好了一切。

(2)他刚进家门，天就下起了雨。

(3)昨天的会议比我预想的要好很多。

然后教师让学生总结归纳过去完成时的相关用法：

(1)过去完成时的形式：__________________________。

(2)过去完成时的功用：__________________________。

此外，教师还要让学生思考过去完成时与其他时态的核心区分点。本环节让学生先从阅读文章中品味语法点，充分利用语境，然后再练习并总结归纳，贴合了学生的语法认知规律，由表及里，从形式到意义再到运用总结，是科学的学习建构过程。完成上述内容后，教师向学生推送下面的知识运用题目：

(1)It was the first time Jane and I ________(be)apart for more than a few days.

(2)We_________ hardly_________(leave)the dormitory(宿舍) the next morning when we________(realize)we________(leave)our map in the room.

(3)I________(intend)to meet you at the airport, but someone came to see me just when I was about to leave.

(4) If you __________ (take) the medicine yesterday, you might be well now.

(5)She told us she felt better after she________(take)a few days' rest.

本部分的设计意图是培养学生利用阅读材料夯实词汇运用的能力，同时也避免了枯燥地讲解知识点。在阅读教学中，教师要适时带领学生进行全方位的语言训练，进而提高学生综合运用语言的能力。

二、二次课堂学习导学案设计

(一)辨析中心词的修饰成分

首先，通过辨析中心词的修饰成分，让学生可以判断选项的对错，做到综合考虑答案。学生呈现的主要问题是匹配能力缺乏准确性，因此本课时进行的对主旨大意题干中关键词及修饰成分整体性把握的训练能在很大程度上给学生以指引，培养学生科学严谨的思维，不被一些在原文中出现的相关词汇误导。为此，教师让学生开展下面的合作探究：

中心议题：如何辨析主旨中心词及相似选项的修饰部分？

讨论要点：Was Darwin's theory of evolution brought up before or after his journey?

总结要点：主旨归纳时，中心词要准确，修饰成分也要准确。

（二）细节理解之科学研究排序

通过让学生完成课文结构图表，让学生可以理解 generate idea 及 propose a theory 都包含哪些内容，学会正确排序科学研究过程。学生暴露出来的主要问题是将 develop ideas 与 propose a theory 两环节排错序，反映出某些学生对这些科学研究过程的词汇不理解或想当然。对于这种情况，知识溯源是最好的“对症下药”。为此，教师可以让学生开展下面的合作探究：

中心议题：generate idea 与 propose a theory 的概念梳理。

讨论要点：可查阅资料，弄清楚在这两个环节中都需要做些什么。

总结要点：理解概念时可借助具体的事例进行推导。

（三）过去完成时

这部分主要是让学生掌握语法，学生集中错在以下两道题目上：

(1)It was the first time that Jane and I______(be) apart for more than a few days.

(2)I______(intend) to meet you at the airport but someone came to see me just when I was to leave.

从中笔者发现，学生对句型中出现的现在完成时不清楚如何搭配，以及在诸如计划打算这类词后常表达虚拟含义，这就需要以框架的形式给学生归类总结，然后练习、巩固、提升。为此，教师让学生开展下面的合作探究：

中心议题：过去完成时是以什么为基点的？

讨论要点：关注语境中的动作先后，关注常与过去完成时连用的时间状语。

总结要点：一是找到过去的一个动作，二是判断动作发生的先后。

归纳：过去完成时表示“过去的过去”，做题的关键是要在句中找到一个过去的点，或从上下文中找出一个过去的时间，以该时间为参照，发生在它之前的动作就用过去完成时。

完成上述内容后，教师通过平板电脑推送下面的拓展提升题目：

阅读文章，用括号内词的正确形式填空：

Lonesome George

Lonesome George was the last Pinta Island tortoise. He died in 2012. After George's death, the Pinta Island tortoise was declared extinct.

The extinction of the Pinta Island tortoise is blamed on humans. Before humans______(arrive) on the island, the species______(live) in isolation and______(find) the plants that naturally grew there. George was discovered many years after their arrival, and by then humans______new species that______the food the tortoises ate. After goats in particular had been brought to the island, the Pinta Island tortoise population______. Eventually, only George remained.

三、二次备课设计

教师根据教材中所给的 Word Cloud，介绍达尔文。本部分的设计意图是从学生熟知的词汇引入，符合学生的认知水平。此任务面向全体同学，不但能活跃课堂气氛，而且能激发学生的参与意识及探索课文的兴趣，从而为词汇量丰富的学生提供了一个展示魅力的平台。

（一）主旨大意信息关键词辨析

通过让学生分析文章结构，可以准确理解关键词，在新语境中学生可以运用同样的方法辨析主旨，并完成下面的合作探究题目：

Tell the difference between the two words:

What is the main idea of the passage?

A. How Joshua Bingham became a lawyer.

B. Bingham is a diligent student.

C. Joshua Bingham received an excellent education.

D. A good lawyer needs good education.

Joshua Bingham studied 4 years at the University of Paris and decided to leave his graduation. He transferred to the University of Berlin and graduated with honors. Harvard Law School and, later, Boston College provided him with an excellent legal background. He is presently a corporation lawyer in Miami, Florida.

本部分的设计意图是让学生从错误中反思学习，并在新语境下学以致用。在合作学习中，学生有的是组织者，有的是中心发言人，有的是记录员，各自分工但又共同收获，从而充分利用了学生本身这个资源，让学生在思维碰撞中共同成长。

(二)“过去完成时”大搜罗

通过例句分析总结，让学生可以准确地理解过去完成时表达的语用意义，在新语境中学生可以找到过去的某个动作并进行先后比较，完成下面的合作探究：

(1)He said he______(work)in that factory since 1949.

(2)She______hardly______(go)to bed when the bell rang.

转化为：Hardly______(go)to bed when the bell rang.

能联想到类似的结构吗？________________________

(3)I______(plan)to call on you yesterday, but someone came to see me just when I was about to leave.

(4)It was the first time that he______(lose)the game.

(5)If I______(follow)your advice, I would be better now.

由句(1)可知，过去完成时表示在过去某个动作或某个具体时间______，已经发生，表示完成的动作或情况。

由句(2)可知，过去完成时常与______，scarcely, barely, no sooner…than 等副词连用。

由句(3)可知，plan, intend, mean, hope, want, think 等动词的过去完成时可以用来表示一个______。

由句(4)可知，在句型______中，常用过去完成时态。

由句(5)可知，过去完成时还可用在与______相反的虚拟从句中。

本部分的设计意图是让学生在掌握了过去完成时的基本形式及功用后，对它的语境运用建构更全的体系结构。本环节通过例句-规律的推导顺序，让学生由具体到抽象，实现了思维品质的提升。

(三)思考与分享

本部分的学习目标是通过创作微写作，让学生学习运用所学的短语及语法描写一位医学科学家，以此激励自己坚定学习，奋力成长，并完成下面的合作探究：

Enjoy a short video and then tell us what you have learnt from the scientific exploration?（看了达尔文《发现之旅》的视频，你学到了什么科学探索精神？）

最后，对以上内容进行课堂小结：What skills do you find useful? Give a brief description of it.

____

____

____

四、课堂小组合作学习设计

有效的课堂讨论会产生心灵的交汇、思维的碰撞、情感的交融，会有新知识、新观点的不断涌现和迸发。这是一个拓展活动，适合高水平的学生发挥，也是他们展示才华，给其他同学树立榜样，激发他们学习英语的兴趣和热情的环节。对于他们的精彩发言应给予赞赏，这样既能鼓励高水平的同学，同时也会激励其他同学。

合作探究流程：组织合作学习时，先让学生明确学习的任务和程序，让学生明白先做什么后做什么，这样合作起来就有条不紊了。小组成员分工合作，轮流担任发言人、组织者等角色，争取达到小组讨论人人发言，小组活动人人进步的目标。合作结束后，请发言人汇报，其他小组成员补充，这样更能群策群力，使小组的潜能得到更好的发挥。

优势：充分利用了生生资源，“兵教兵”解决了教师面向全体学生时难以解决的非典型问题。合作探究是建立在自学基础上的。学生在进入小组学习之前，已经有了自己的问题梳理，所以交流的动机更为强烈，组内讨论的问题也更为集中。

效果：小组合作学习让学生更能感受到集体的智慧和力量。学生逐渐在交流中学会了听，学会了问，学会了思考，最终学会了表达。

五、课后拓展训练设计

让学生课后利用网络及图书馆等信息渠道，搜集袁隆平的资料，并利用本文所学介绍一下袁隆平，下节课完成 class report。这一环节体现了“以学生发展为本”的理念，实现了对基础知识的巩固和能力的提升。写作既提高了学生的综合语言运用能力，也让学生进一步回顾了课文内容，从而让学生在动口、动手、动脑的过程中获得满足、愉悦和成功的体验，对后续学习更有信心。

六、自我反思

本节课笔者感到比较满意的有两点：一是设计的每个环节都是针对学生出现的问题的探究和拓展，真正做到了以学生为中心，尽管有些地方学生处理得不到位，但自始至终他们都在思考、倾听、总结、收获颇丰；二是在情感升华环节，学生在展示中都处于真心佩服的状态，可谓全情投入，利用自己所学，把对钟南山院士的敬仰之情写得令人动情，课堂氛围不错。

本节课的不足之处在于：学生问题解决中的引导还是应该更有梯度，不能着急往答案的方向引领；情感升华部分虽说是个亮点，但时间安排应该更充裕些。

七、专家点评

本堂课以学生为主体，尽可能地多给学生一些思考的时间，多给学生一些自我表现的机会，让学生自始至终参与到知识形成的全过程中，让学生自己去尝试、讨论、合作，自己去领会、理解知识，增加课堂人际的互动，逐步培养学生的综合语言运用能力。

需要注意的是该课的课堂容量有点偏大，教师应合理分配各环节的时间，以防无法完成任务。

——曲绍环（中学高级教师，牟平一中英语学科资深教研组长）

（山东省牟平第一中学　张真真）

第六章　物理学科

第一节　彼此之间的“力”

——以“牛顿第三定律”为例

从进入牟平一中实现从师范学生到物理教师的角色转换时，我就被告知：不管你在大学里物理学得有多好，都不能保证你是一位好的物理教师。若想在教学的路上越走越远，必须先吃透物理课程标准、课本、教师教学用书等。笔者经历了从文、理分科到新课改下的“3＋3”选科，在逐步朝着“一核、四层、四翼”的总要求前进，不断提高自己的教学水平。现在的学生生于大数据时代，从小就和网络接触，所以对于传统课堂的接受度很低。作为物理教师，更应该学会利用大数据，学会用学生“能听懂”的语言，鼓励学生探究发现生活中蕴含的物理知识，即从生活中归纳总结物理概念、规律，然后再应用到生活中去。

本节课为普通高中教科书《物理·必修·第一册》第三章第 3 节“牛顿第三定律”。教材在本章节的内容安排上依照了“先定性，再定量”的基本思路：先是通过给定的实际物理情境，来证明两个物体彼此之间的作用力总是相互的。既然有作用力，那么就一定存在反作用力。提出合理的猜想之后，就要设计实验来证明其正确性，于是，教师指导学生通过实验来探究作用力与反作用力的大小、方向之间的关系。最后，通过对物体受力的初步分析，来体会牛顿第三定律的应用与其物理意义。

结合学情，在初中阶段，学生就已经对物体间存在的力这种相互作用有了一个简单定性的了解，也知道了力总是成对存在的，并且也初步学习了二力平衡的知识。在高中阶段，需要继续深化学生对作用力与反作用力的认识。学生需要经历定量的探究过程，获取实验数据，基于证据，理解作用力与反作用力等大反向的特点，并进一步认识到牛顿第三定律在整个牛顿力学体系中的重要地位。

基于学科核心素养的教学目标为培养学生的物理核心素养，本节课的内容提供了丰富的素材。本节课的学习可以帮助学生进一步分析复杂情境下运动与相互作用的关系，培养学生进行实验设计并获取证据的能力，提升学生基于证据进行推理的意识和能力。

学情方面，在学习牛顿第三定律之前，学生已经深入学过重力、弹力和摩擦力，初步知道力是物体间的相互作用。在初中阶段，学生也已经对力的相互作用问题有了定性的了解，并且知道一对相互作用力和一对平衡力有所不同。但是高一学生现在还体会不到明确提出作用力与反作用力这一问题的重要意义，也就是说，他们对“物体间的作用是相互的”理解不够深刻，而且受日常生活经验的影响，在学习过程中，往往会形成一些错误认知。比如：在分析掰手腕比赛时，学生会想当然地认为，胜方之所以会胜是由于施加给对方的力大于对方施加给自己的力，也就是混淆了物体间的相互作用力和一对平衡力的区别。如果不创设便于学生感受和理解的物理情境，学生经过反复地强化记忆，虽然可以背出牛顿第三定律的内容，但是并不能改变学生已有的错误认知，他们理解牛顿第三定律就不会透彻，往往会在应用其解决实际问题时出现错误。牛顿第三定律是牛顿经过大量的实验证明和借鉴前人的总结而得出的，因此教学中应该采取学生分组进行实验探究结合教师演示实验的方法，这样不仅能够增强学生的学习兴趣，还能改变学生“一对相互作用力与一对平衡力”混淆在一起形成的错误认知，提高学生解决实际问题的能力。

一、课前一次自主预习导学案设计

根据 2020 年修订的《普通高中物理课程标准(2017 年版)》，本部分的内容要求为：

(1)通过实验，探究物体间相互作用力的大小与方向关系。标准要求学生通过实验，探究物体间相互作用力的大小与方向关系，强调通过实验和探究得出结论的过程。在实验与探究的过程中，让学生体会科学方法，培养科学思维，树立科学态度。

(2)理解牛顿运动定律。标准要求学生理解牛顿运动定律，包括对牛顿第一运动定律、牛顿第二运动定律和牛顿第三运动定律的理解。牛顿提出的三大运动定律是经典力学的核心，也是学生处理力和运动关系的重要方法，同时还是后续学习动能定理和动量定理等知识的基础。

(3)能用牛顿运动定律解释生产生活中的有关现象,解决有关问题。

根据《中国高考评价体系》,在高考中将更加注重对核心物理概念和规律的考查,鉴别学生的基本学科素养,引导学生夯实学习发展的基础,促进课堂回归教材。

上课时,教师首先进行问题导入,播放学生课间做弹力绳团体操的视频,并提出问题:当学生脚踩弹力绳并且双手用力拉弹力绳时,手和脚都有什么感受?本部分的设计意图是让学生通过现实体验,能够明显地感受到手和脚的受力情况及弹力绳上的力,从而充分地调动了学生探究的兴趣,并导入本课内容。本课的学习目标有以下两个方面:

一是加强学生对物理概念的理解,包括通过教师演示实验(气球火箭、无人机/竹蜻蜓、小汽车与"路面"之间的摩擦力),让学生知道力的作用是相互的;了解作用力和反作用力的概念,并且能正确表述牛顿第三定律。

二是提高学生的科学思维能力,包括通过预习学案中设置的物理情境、学生掰手腕等实例分析和讨论,让学生能区分出一个力的反作用力和这个力的平衡力;通过预习学案中的情境创设,让学生在自习课上演示、分析;学生应该会对物体进行初步的受力分析、解释物理现象或者解决实际问题。

三是提高学生进行科学探究、分析问题的能力,即通过学生分组实验、教师借助力的传感器进行演示实验探究,让学生得出物体间作用力与反作用力大小、方向的关系,培养学生应用牛顿第三定律分析、解决实际问题的能力。

教师预留 10 分钟时间让学生看课本,明确本节内容的前两个重点知识。首先是作用力和反作用力,可以引导学生思考这样两个问题:

(1)作用力和反作用力的概念是什么?大小、方向的关系如何?

(2)给定以下三个物理情境,找出其中涉及的作用力和反作用力情况,并试着总结出"作用力、反作用力"有哪些特点:①苹果自由落地过程中,不计空气阻力;②运动员举重过程中和杠铃之间的弹力;③黑板擦与黑板之间的摩擦力。

本部分的设计意图是让学生通过预习课本夯实基础知识,通过情境题目让学生认识实际生活中存在的相互作用力,并尝试着归纳总结其特点。通过教师的三个演示小实验,举例证明力是成对存在的,加深学生对概念的理解,学生分组讨论分析,并总结作用力与反作用力的特点。

完成上述内容后,教师播放本班学生大课间在教室里掰手腕的视频,视频中可以明显看到 A 同学赢了 B 同学,由此教师提出疑问:A 同学之所以胜了B同学，是因为A同学施加给B同学的作用力大，大家认为这种说法是否正确？本部分的设计意图是通过创设问题情境，让学生从生活走向物理，在实操中分析思考相互作用力的特点，体会物理的魅力。

下一个目标是牛顿第三定律。教师首先让学生展开分组实验探究，让学生观看视频提出猜想：掰手腕过程中，A对B、B对A的力是大小相等的，进而猜想作用力与反作用力的大小是相等的。教师给定实验器材（两个弹簧秤），让学生进行分组实验，如图6-1所示。

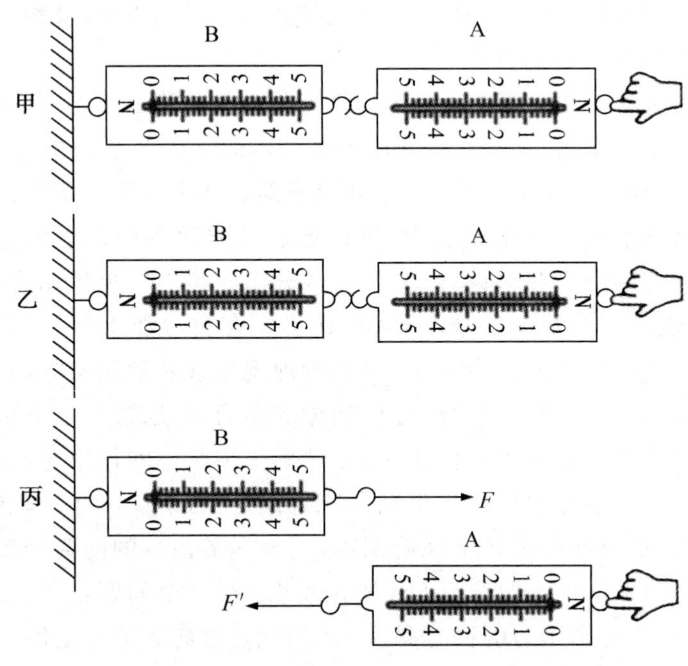

图6-1 作用力与反作用力分组实验

教师引导学生在做实验的同时完成下列题目：

(1)使用弹簧秤之前进行的操作：a.调零；b.量程查看。如图6-1所示：对A施加力之前，A、B示数均为0，说明A、B之间无作用力。当用手对A施加力时，可以看到A和B的指针变化情况为______。B的示数可以读出A对它的作用力F的大小；A的示数可以读出B对它的反作用力F'的大小。由此可以得出：A和B示数是______的；手施加给A、B的作用力发生变化时，A、B的示数会跟着______，但两个示数总是______。

最后可以得出结论：作用力和反作用力的大小总是______，并且总是同时______，同时______同时______。

(2)当A、B缓慢运动或加速运动时，A和B的示数总是______。

本部分的设计意图是：分组实验前培养学生检查实验仪器，如调零、量程查看等实验素养，鼓励学生学会独立思考分析、借助合作伙伴优势来进行探究实验，通过团队合作解决实验过程中出现的问题。例如：A同学看到B同学未进行调零就进行实验，可互相提醒；选择合适的实验方案，减小实验误差；通过生生合作，能够让他们更深刻地知道作用力与反作用力的大小关系。

完成上述内容后，教师在平板电脑上向学生推送以下自我验收的内容：

(1)学生归纳得出牛顿第三定律的内容，表述如下：两个物体之间的作用力和反作用力总是大小______，方向______，作用在同一条直线上。

(2)表达式：______(学生在符号使用问题上可能会选择$F=F'$)。

(3)意义：牛顿第三定律揭示了物体间的相互作用，利用牛顿第三定律，通过转换研究对象，从一个物体的受力分析转换到对另一个物体的受力分析，可以提供受力分析和求力的新方法。

然后，教师通过平板电脑推送下面两个例题：

【例1】《水浒传》第七回“花和尚倒拔垂杨柳”中有这样一个情节：“众泼皮嫌一株绿杨树上的乌鸦叫。鲁智深相了一相，走到树前，把直裰脱了，用右手向下，把身倒缴着，却把左手拔住上截，把腰只一趁，将那株绿杨树带根拔起。”对这段描述中涉及的力学知识，下列说法中正确的是(　　)

A.鲁智深对绿杨树施加了力，而绿杨树对鲁智深没有力的作用

B.鲁智深对绿杨树施加的力大于绿杨树对鲁智深施加的力

C.鲁智深对绿杨树施加的力等于绿杨树对鲁智深施加的力

D.条件不足，不能判断出鲁智深对绿杨树的力与绿杨树对鲁智深的力之间的关系

【例2】学生放假回家拉着行李箱离校的过程中，关于学生拉行李箱的力和行李箱拉学生的力的大小关系，下列说法中正确的是(　　)

A.学生拉行李箱的力总是大于行李箱拉学生的力

B.学生拉行李箱的力总是等于行李箱拉学生的力

C.加速运动时，学生拉行李箱的力总是大于行李箱拉学生的力

D.减速运动时，学生拉行李箱的力总是小于行李箱拉学生的力

本部分的设计意图是让学生自己通过实验探究，总结出牛顿第三定律的内容，并能够理解“总是”的含义，让学生认识到：学生拉行李箱和行李箱拉学生的力的大小关系与行李箱为什么能够被拉动是两个问题。学生拉行李箱和行李箱拉学生的力的关系与它们的运动状态无关，这对力始终相等。

下一个学习目标是对物体受力的初步分析，教师首先可以让学生对一对作用力和反作用力与一对平衡力进行区分比较。给定的物理情境为：平板电脑静止放在桌面上。教师让学生回答下面的问题：

(1)画出平板电脑受到的重力 G 和支持力 F_N 的示意图，然后提出疑问：平板电脑所受重力 G 和桌面给的支持力 F_N 属于一对相互作用力还是平衡力？它们的作用对象是谁？力的性质相同吗？

(2)画出桌面对平板电脑的支持力 F_N 和平板电脑对桌面的压力 F_N'，然后提出疑问：支持力 F_N 和压力 F_N' 属于一对相互作用力还是平衡力？它们的作用对象是谁？力的性质相同吗？

教师让生生之间展开合作讨论：一对相互作用力和一对平衡力的异同点，完成下面的表 6-1。

表 6-1　一对相互作用力和一对平衡力的异同点

		一对作用力和反作用力	一对平衡力
共同点			
不同点	作用对象		
	作用时间		
	力的性质		
	作用效果		

本部分的设计意图是通过预习学案的题目和学生之间的交流讨论，让学生能够很好地区分一个力的反作用力和这个力的平衡力，并且能够自己归纳总结出“一对相互作用力”和“一对平衡力”的异同。然后，教师利用平板电脑推送下面的例题：

【例 3】(多选)用水平力 F 把一个物体紧压在竖直墙壁上，使其保持静止，则下列说法中正确的是(　　)

A.水平力 F 与墙壁对物体的弹力是一对作用力与反作用力

B.物体的重力与墙壁对物体的静摩擦力是一对平衡力

C.水平力 F 与物体对墙壁的压力是一对作用力与反作用力

D.物体对墙壁的压力与墙壁对物体的弹力是一对作用力与反作用力

然后借助例题,让学生归纳总结对物体受力的初步分析。首先明确研究对象,即分析哪个物体所受的力,通常按重力、弹力、摩擦力的顺序来分析:

(1)重力:地球上的任何物体都受重力,其方向竖直向下。

(2)弹力:两个相互接触的物体相互挤压时就会产生弹力,其方向与接触面垂直。

(3)摩擦力:当两个粗糙且相互挤压的接触面发生相对运动或具有相对运动趋势时,接触面处就会产生滑动摩擦力或静摩擦力,其方向与接触面平行。

完成上述内容后,教师再给出下面的例题:

【例 4】画出下列情境中物体所受各个力的示意图,并写出力的名称和施力物体:

(1)物体静止在地面上,假设所有的接触面均是光滑的。

(2)粗糙斜面固定,物体以一定的初速度沿斜面上滑。

(3)物体沿粗糙水平面向右滑行。

(4)假设接触面光滑,物体静止在墙壁上。

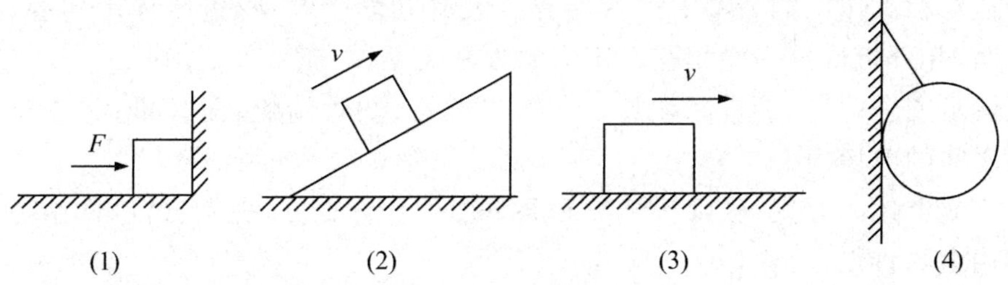

本部分的设计意图是让学生通过教师给定的对物体进行受力分析的步骤,尝试着自己画出设定情境中的物体的受力情况,体会在每画一个受力情况时,自问施力物是谁,能不能产生该力,从而逐步认识到,对一个物体进行受力分析,只需画出施力物所给的力即可。倘若一些力,比如说例 4 中的(3),若画出地面所受物体给的摩擦力的话,就可以通过找物体所受地面施加的摩擦力,然后通过本节课所学的牛顿第三定律,进行转化去找到。

完成上述内容后,教师让学生进行知识总结,自主构建本节课的思维导图。本部分的设计意图如下:牛顿第三定律是一个相对来说比较难讲的课题,虽然学生在初中简单学习过,但也只是粗略地定性地了解,没有深入地定量地研究。就牛顿第三定律的内容而言,它反映的是物体之间的一种规律,掌握规律的最好办法就是在实践中探索,因此本节课采用引导式的分层探究教学,先通过预习,让学生在理论知识和生活现象中产生疑问,这样学生就会带着好奇心思考如何通过实验验证得出牛顿第三定律的内容,并将其应用到生活实践中去。

在预习学案中,学生在区分一个力的反作用力与这个力的平衡力题目中出错最多;也就是说,他们对"物体间的作用力是相互的"理解不够深刻,而且受日常生活经验的影响,在学习过程中往往形成一些错误的认知。可以让学生把预习课本的过程中所遇到的问题写在预习学案的留白处,也可以拿不同颜色的笔对预习学案中的存疑处进行标注,这样教师在批改预习学案的过程中就可以很清楚地看到学生存在的问题。

二、二次课堂学习导学案设计

本部分第一个学习目标是加强学生对物理观念的理解,通过教师演示实验(气球火箭、无人机/竹蜻蜓、小汽车与"路面"之间的摩擦力),可让学生知道力的作用是相互的,能够总结归纳出作用力和反作用力的概念。教师可以向学生提问:"请举出生活中的实例来证明力的作用是相互的,并分小组思考讨论这对相互作用的力都有哪些特点。"教师和学生互动,进行演示实验,举例证明,并分析得出一对相互作用力的方向关系。

演示实验内容:①自制教具——气球火箭;②竹蜻蜓、无人机;③汽车和地面之间的摩擦力。

完成上述内容后,教师让学生开展下面的合作探究,思考、讨论作用力与反作用力的特点:

(1)作用力与反作用力是不是作用在同一个物体上?

(2)它们是同时产生的吗?

(3)它们的方向有何关系?

(4)两力是同种性质的力吗?

(5)两力的作用效果是否可以抵消?

为了提高学生的科学探究和分析问题的能力,通过学生分组实验、教师借助力的传感器进行演示实验探究,让学生得出物体间作用力与反作用力大小、方向的关系,培养学生应用牛顿第三定律分析、解决实际问题的能力。在此,教师可以播放本班学生课间在教室里掰手腕的视频,视频中可以明显看到A同学赢了B同学,教师由此向学生提出疑问:“A同学之所以胜了B同学,是因为A同学给B同学的作用力大,大家认为这种说法是否正确?”针对这一问题,可以让学生按照“提出猜想→根据给定实验器材设计实验方案→分组进行实验→分析论证、归纳总结”的流程进行分组实验探究。教师让学生同桌两人为一组,每组提供两个弹簧秤。提示:①实验前需要检查实验器材(调零、量程);②在实验中,设计方法,探究作用力与反作用力的大小关系与物体的运动状态无关。

然后教师进行演示实验:用力的传感器更加直观地探究作用力与反作用力的大小关系。

学生理解牛顿第三定律的成果展示:

(1)学生归纳得出牛顿第三定律的内容,表述如下:两个物体之间的作用力和反作用力总是大小相同,方向相反,作用在同一条直线上。

(2)表达式:$F=F'$。

(3)意义:牛顿第三定律揭示了物体间的相互作用,利用牛顿第三定律,通过转换研究对象,从一个物体的受力分析转换到对另一个物体的受力分析,可提供受力分析和求力的新方法。

进行错题再现时,教师让学生复习前面的【例2】并给出答案:

学生大休回家拉着行李箱离校的过程中,关于学生拉行李箱的力和行李箱拉学生的力的大小关系,下列说法中正确的是(B)

A.学生拉行李箱的力总是大于行李箱拉学生的力

B.学生拉行李箱的力总是等于行李箱拉学生的力

C.加速运动时,学生拉行李箱的力总是大于行李箱拉学生的力

D.减速运动时,学生拉行李箱的力总是小于行李箱拉学生的力

为了提高学生的科学思维能力,通过预习学案中设置的物理情境、学生掰手腕等实例分析和讨论,学生能区分出一个力的反作用力和这个力的平衡力。通过预习学案中的情境创设,学生在自习课上的演示、分析,让学生会对物体进行初步的受力分析、解释物理现象或者解决实际问题,并完成下面的表6-2。

表 6-2　作用力/反作用力和平衡力的比较

		一对作用力和反作用力	一对平衡力
共同点		大小相等	
不同点	作用对象	不同物体	同一物体
	作用时间	同时	不同时
	力的性质	相同	不同
	作用效果	物体运动状态不定	物体处于平衡状态

学生完成上面的表格后，教师再在平板电脑上推送下面的错题再练及答案：

（多选）用水平力 F 把一个物体紧压在竖直墙壁上，使其保持静止，则下列说法中正确的是(BD)

A.水平力 F 与墙壁对物体的弹力是一对作用力与反作用力

B.物体的重力与墙壁对物体的静摩擦力是一对平衡力

C.水平力 F 与物体对墙壁的压力是一对作用力与反作用力

D.物体对墙壁的压力与墙壁对物体的弹力是一对作用力与反作用力

推送完成后，教师让学生一起来分析错因。完成错题再练后，为了拓展提升学生的视野，教师可以推送有关气球/火箭、竹蜻蜓（20 世纪 30 年代，外国人受我国儿童玩具竹蜻蜓形状和原理的启发，发明了直升机上天所需的螺旋桨）、越野车四轮驱动等内容。

三、二次备课设计

教师播放学生课间跳弹力绳团体操的视频，提出问题：当学生脚踩弹力绳且双手用力拉弹力绳时，手和脚都有什么感受？本部分的设计意图是让学生通过体验小实验，能够明显地感受到手和脚的受力情况和弹力绳上的力，充分调动学生探究的兴趣，并导入本课内容。教师在课堂上发现，学生在一次预习学案中暴露出了不能很好地理解作用力和反作用力的概念的问题。为了加强学生对物理观念的理解，通过教师演示实验（气球火箭、无人机/竹蜻蜓、小汽车与“路面”之间的摩擦力），让学生知道力的作用是相互的；能够总结归纳出作用力和反作用力的概念。然后，让学生开展下面的合作探究，思考、讨论作用力与反作用力的特点：

(1)作用力与反作用力是不是作用在同一个物体上？

(2)它们是同时产生的吗？

(3)它们的方向有何关系？

(4)两力是同种性质的力吗？

(5)两力的作用效果是否可以抵消？

教师可以让学生在预习学案时拿出 2～3 分钟的时间进行合作讨论，进行手推桌子、掰手腕等实验，充分感受到力的作用是相互的。生生间可以互相帮助梳理、总结出一对相互作用的特点。然后，让学生进行体验实验（学生弹力绳操）和分组实验（两个弹簧秤的示数不管是静止时还是运动过程中总是大小相等）。通过学生分组实验、教师借助力的传感器进行演示实验探究，让学生得出物体间作用力与反作用力大小、方向的关系，培养学生应用牛顿第三定律分析、解决实际问题的能力。最后，让学生分组探究作用力与反作用力的大小关系。

本部分没有具体的实验步骤，让学生分组探究旨在培养学生自己大胆地猜想、设计实验并实际进行实验的能力。学生在实验过程中出现了水平拉及竖直拉弹簧秤的情况，互拉过程中，也有超过弹簧秤量程等情况。对此，教师一一给予了指导，从而培养了学生严谨的科学态度和正确的实验观。

学生分组实验探究的流程是“提出猜想→根据给定实验器材设计实验方案→分组进行实验→分析论证、归纳总结”。在实验中，同桌两人为一组，每组提供两个弹簧秤。教师提示：①实验前需要检查实验器材（调零、量程）；②在实验中，设计方法探究作用力与反作用力的大小关系与物体的运动状态无关。

同时，教师进行演示实验，用力的传感器更加直观地探究作用力与反作用力的大小关系。为了提高学生的科学思维能力，通过预习学案中设置的物理情境、学生掰手腕等实例分析和讨论，让学生能区分出一个力的反作用力和这个力的平衡力。通过预习学案中的情境创设，学生在自习课上演示、分析，让学生会对物体进行初步的受力分析、解释物理现象或者解决实际问题。例如，在教师播放本班学生课间在教室里掰手腕的视频并通过实验探究知道“A 的力比 B 大”是不对的后，可让学生小组合作讨论，给出不同见解的答案。教师引导转化研究对象（关注两只手之间的作用力转换为研究一只手的受力情况），并简化模型进行受力分析，指出学生混淆“一对相互作用力和一对平衡力”的错误认识。

完成上述内容后，进行课堂小结如下：①回扣相应的学习目标（对物理观念的理解），让学生正确表述牛顿第三定律；②提高学生的科学思维能力，能把一个力的反作用力和这个力的平衡力分开；③提高学生的科学探究和分析问题的能力，在探究作用力与反作用力的大小关系的实验中，采用了“猜想→设计实验→进行实验→分析论证”的实验方法。

四、教学反思

本节课通过几个有趣的小实验导入新课，充分调动了学生学习的积极性，从一开始就把握住了课堂的氛围，基本达到了预期的教学目标。学生通过预习学案中设置的问题，自主阅读课本并积极地和同学讨论，及时地向教师反馈预习过程中所存在的问题，帮助教师更好地把握住学情。教师通过演示自制教具气球火箭、竹蜻蜓/无人机等实验，加深学生对“力的作用是相互的”这一物理观念的理解。通过“掰手腕”提出疑问“既然力的作用是相互的，为什么还会有输赢”，从而引起学生的讨论与思考；继而通过转化研究对象，对物体进行受力分析，帮助学生提高科学思维能力。

本节课的不足之处包括：学生分组实验的过程中，教师故意没有给出具体的实验步骤和使用弹簧秤的注意事项，而是选择让学生自己在探究过程中暴露问题，教师在巡视中一一帮助学生当场指出问题并给予正确指导。这个环节的设置对学生的自主探究能力提出了很高的要求，有一些学生操作实施起来比较困难。

五、课堂小组合作学习设计

课堂小组合作学习设计完成的物理小组合作学习任务单如表 6-3 所示。

表 6-3　物理小组合作学习任务单

流程	师生活动	优势及效果
第一环节	物理情境设置（教师提出问题）	学生在预习学案中暴露出了问题：对物理概念的认知不足，设置“对症下药”的题目有助于提高学习效率，也很好地体现了“以学定教”的理念
第二环节	生生合作讨论，教师演示实验	以学生为主体，以教师为主导
第三环节	生生合作交流，取长补短	在激励机制下，小组成员积极贡献自己的智慧，在合作讨论中互相帮助，学会归纳总结

续表

流程	师生活动	优势及效果
第四环节	分组进行实验展示，教师演示实验，达成共识	猜想→设计实验→进行实验→分析论证
第五环节	学生展示成果，教师强调重点进行点拨	通过实验总结得出牛顿第三定律，让学生体会到实验定律得出的艰辛过程，培养严谨的科学探究态度

六、课堂拓展训练设计

学生分两组进行拔河比赛，教师录微课并推送给学生，学生画出受力分析示意图，分析在拔河比赛中比较的是力气大小还是其他原因。

本部分的设计意图是提高学生对牛顿第三定律在日常生活中学以致用的能力。拓展题目实操性强，可以很好地培养学生的动手操作能力，培养其大胆利用物理原理设计发明的探究精神。

七、专家点评

这是一节比较成功的翻转课堂，本节课的设置环节完整，其中有两个亮点：

一是由“掰手腕”提出问题：力的作用既然是相互的，大小相等，那么为什么还会有输赢呢？从而很自然地过渡到学生易错的研究对象选取问题。

二是德育渗透。这堂课最开始的演示小实验很好地调动了学生的积极性，例如自制教具——气球火箭实验是由学生参与完成，这就很好地让学生参与到课堂中，体现了学生的主体地位。通过演示实验得出，力的作用是相互的，然后进行讨论探究，学生能够更好地理解相互作用力的特点，进而抛出疑问：“相互作用力的大小关系是怎样的？”学生分组实验探究的过程中不只是得出实验结论，还更好地掌握了探究实验的流程。教师演示实验借助力的传感器，让学生能够通过“班班通”看到大数据，从而让学生体会科学探究的严谨性。

——杨青松（中学高级教师，连续多年任物理组教研大组长）

（山东省牟平第一中学　苏诗桐）

第二节　神奇的“力”

——以“摩擦力”为例

《新课标》、新教材越来越要求提高学生学习的主动性。《新课标》明确指出，学生是学习的主人，教师是学习的组织者、引导者与合作者。在课堂教学活动中，应注重激发学生的学习兴趣，注重培养学生自主学习的意识和能力，把重点放在如何为学生创设良好的自主学习环境上，尊重学生的个性差异性，帮助他们找到适合自己的学习方式。社会发展对人才能力的需求，更需要人才具有终身自学的能力。《中国学生发展核心素养》中明确提出，学生发展核心素养主要指学生应具备的，能够适应终身发展和社会发展需要的必备品格和关键能力。新的高考评价体系要求注重基础性、综合性、应用性、创造性，物理核心素养要求学生具有自主学习、自主探究的能力。因此在物理备课中，应大胆丢掉以教师为主的教学模式，教学活动紧紧以学生为主体，让他们主动思考、主动探索、主动学习，逐步形成适合自己的学习中心模式。笔者发现，课堂效率由此提高了，学生更愿意去主动思考、探究，同时也提高了他们的观察能力、思考能力和综合分析能力，这一自学模式非常值得继续探讨下去。

本节课为普通高中教科书《物理·必修·第一册》第三章第2节“摩擦力”。本节课是在初中学习摩擦力基础上的延伸。本章前一节学生已经深入学习了重力和弹力，本节是对第三种性质的力的深入探究。本节课属于力学的基本知识，是高中力学物理的基础。教材通过生活情境引入课题，引导学生思考滑动摩擦力的大小与压力的关系，使学生在体验实际情境的同时体会知识的形成过程，主动去探索、发现新知识。通过实验探究出滑动摩擦力的知识后，教师引导学生用新知识去解释生产生活中的物理现象，解决实际问题。

摩擦力是生活中常见的一种力，生活中应用摩擦力的实例也很多，学生比较熟悉，并且学生在初中已经学习过有关静摩擦力和滑动摩擦力的一些应用。

一、课前一次自主预习导学案设计

在2020年修订的《普通高中学科课程标准（2017年版）》中，对本节课的要求主要有：要认识重力、弹力和摩擦力，能区分滑动摩擦力和静摩擦力现象，并且能够用动摩擦因数计算滑动摩擦力的大小。

在高考评价体系中，科学思维是要求学生能通过自己动手实验，培养分析问题、解决问题的物理思维；关键是要求提高学生的物理建模能力。

本节课的学习目标为：

(1)通过自主预习，分析生活中的摩擦力现象，理解摩擦力的产生条件，能区分静摩擦力、滑动摩擦力。

(2)通过预习课本、完成预习学案，会根据相对运动方向判断滑动摩擦力的方向，并能根据公式计算滑动摩擦力的大小。

(3)通过类比滑动摩擦力和对生活现象的分析，会判断静摩擦力的方向，并计算其大小。

(4)能够根据所学知识解释生活现象。

课堂开始，教师可以通过幻灯片播放鞋底、轮胎等，并向学生提出问题："鞋底和轮胎为什么要做成有花纹的样子？"本部分的设计意图是通过生活中应用摩擦力的例子，激起学生探究的欲望，并引入本课内容。然后，让学生自学课本的相关内容，完成预习学案，并提出问题。

在滑动摩擦力方面，有以下问题：

(1)结合初中所学及生活实例，能否说出滑动摩擦力的定义？

(2)滑动摩擦力的方向怎样判断？

(3)滑动摩擦力大小的计算公式是什么？公式中字母的含义是什么？

(4) μ 的含义是什么？其与哪些因素有关？

在静摩擦力方面，有以下问题：

(1)类比滑动摩擦力，说出什么是静摩擦力。

(2)静摩擦力的方向怎样判断？

(3)静摩擦力的大小如何计算？

(4)静摩擦力的大小有怎样的范围？

具体应用：

(1)粉笔能够拿在手中，是什么力的作用？

(2)机场中，倾斜传送带将行李运到高处，是什么力起作用？

本部分的设计意图是通过自主预习，让学生掌握本节有关摩擦力的基本物理观念。在随后学生开展的自主探究中，教师让学生探究以下问题：

(一)滑动摩擦力的产生、方向、大小

如图 6-2 所示,物体 A、B 接触面粗糙,小明用向左的水平拉力 F 将 B 向左拉出,A 一直静止,则:

(1)物体 B 被拉出的过程中,A 受到的是什么摩擦力?

(2)A 相对 B 的运动方向是怎样的?A 所受滑动摩擦力的方向如何?

(3)B 的运动方向如何?受到的摩擦力方向如何?

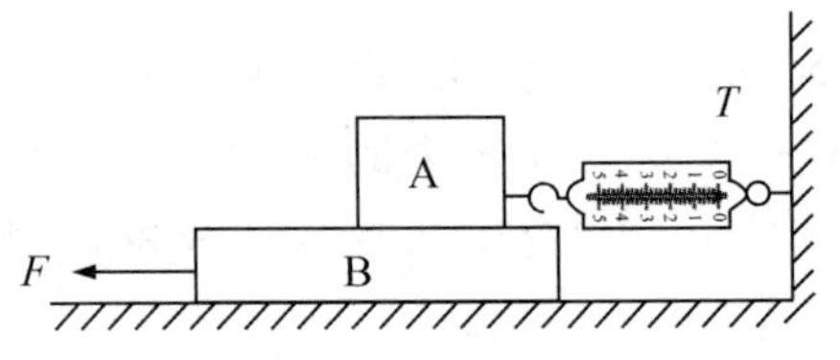

图 6-2 物体 A、B 之间的滑动摩擦力

教师让学生总结归纳:滑动摩擦力产生的条件有哪些?本部分的设计意图是通过自主探究,让学生思考并体会分析滑动摩擦力方向的方法,理解本节的第一个难点。然后,教师利用平板电脑推送下面的例题:

【例 1】同学 A 将在桌边杯子下面的桌布猛地向右拉出。杯子在桌子上向右滑动了一段距离后停下,试分析桌布和杯子受到滑动摩擦力的方向。

【例 2】某同学的课桌上竖直摆放了一堆书,中间夹了一本物理课本,两侧书对物理课本的压力都为 10 N。已知书与书之间的动摩擦因数为 0.2,要把物理课本水平抽出来,至少要用多大的力?

通过对上面两道例题的分析,可让学生学会判断滑动摩擦力的方向,并会用公式计算。

(二)滑动摩擦力大小的计算方法

滑动摩擦力大小的计算方法有两个,一个是公式法,另一个是二力平衡法。通过前面的两道例题,教师可让学生巩固滑动摩擦力大小的求解公式的应用,并理解弹力的意义。

(三)对动摩擦因数的理解

动摩擦因数 μ 无单位,其影响因素为接触面的粗糙程度和材料。在此需要让学生注意:动摩擦因数跟物体的受力情况、运动状态、接触面积的大小没有关系。

完成上述探究后,再让学生探究静摩擦力的产生、方向、大小。通过实验，把木块放在水平桌面上，用弹簧测力计沿水平方向向右拉物块，当测力计示数为 1 N 时物块未动；逐渐增大拉力大小，示数变为 2 N 时物块仍然静止，继续增大拉力，示数为 3 N 时物块开始移动，之后示数变小为 2.8 N，然后物块匀速运动，拉力示数保持 2.8 N 不变。分析以上过程，让学生思考以下两个问题：

(1)当拉力的示数为 1 N 时，物块相对桌面的运动趋势如何？静摩擦力的方向又如何？

(2)拉力变化时，静摩擦力是怎样变化的？

教师让学生根据上面的问题，总结、归纳、分析静摩擦力产生的条件，理解最大静摩擦力的概念。然后，让学生分析下列生活实例中的物体是否受静摩擦力，若有，思考静摩擦力的方向是怎样的：

(1)静止在水平桌面上的杯子。

(2)给水平桌面上的杯子施加一个水平推力，杯子未动。

(3)放在倾斜斜面上静止的物体。

教师通过让学生对实际情境进行分析，会判断静摩擦力的有无和方向，理解静摩擦力方向的判断方法。完成上述内容后，教师利用平板电脑推送下面的自我验收题目：

一件重为 300 N 的行李放在水平地面上，要让它从原地移动，最小要用 90 N 的水平推力，运动之后仅需要 80 N 的水平推力就可以维持其匀速运动，那么：

(1)行李与地面间的最大静摩擦力为多大？

(2)行李与地面间的滑动摩擦力为多大？

(3)若用 100 N 的水平推力使行李运动后，行李受到的摩擦力为多大？

通过对题目的解答，检测学生对本节课中两种摩擦力的理解，并让学生进行知识总结，自主构建本课的思维导图。本部分的设计意图是通过整节课的预习，让学生通过自主探究、思考、分析、建构模型的过程，进一步理解滑动摩擦力和静摩擦力的大小、方向，并形成思维导图，初步构建知识体系。在构建思维导图的过程中，教师让学生提交自己的疑问，鼓励学生在不断发现问题、解决问题中进步。

二、二次课堂学习导学案设计

教师在上课时首先提问："在拔河比赛中，为什么体重大的一队不容易被拉动?”并通过以下问题让学生感受摩擦力：

(1)将手紧贴在桌面上,使手相对桌面向前运动,感觉桌面对手有什么作用？手相对桌面的运动方向如何？手受到滑动摩擦力的方向又如何？

(2)若将桌面换成更光滑的物理课本封面,阻碍作用怎样变化？若接触面光滑呢？

(3)减小手与桌面间的压力,滑动摩擦力的大小怎样变化？若压力消失呢？

(一)滑动摩擦力

教师请学生判断以下场景中是否有滑动摩擦力产生：

(1)水杯静止放在桌面上。

(2)擦黑板的过程:①压紧板擦向右擦的过程;②松手后板擦轻贴黑板自由下滑。

根据以上感受和实例,教师让学生总结滑动摩擦力产生的条件、方向：

(1)产生的条件:①________;②________;③________。

(2)方向:________。

然后,教师再让学生观察:向左轻推毛刷,思考毛刷形变的原因、毛刷相对桌面的运动方向和桌面对毛刷阻碍作用的方向,同时思考相对运动的参考系是什么。在此基础上,教师让学生重新思考图 6-2,并让学生总结归纳滑动摩擦力产生的条件有哪些,同时展开以下拓展思考：

(1)受滑动摩擦力的物体一定是运动的吗？

(2)物体 A 所受的滑动摩擦力可以通过弹簧秤测出来吗？

为完成上述问题,教师可以让学生展开分组实验,实验装置是滑动摩擦力大小演示仪(见图 6-3),实验目的是探究滑动摩擦力大小与正压力的关系,思考下列问题：

(1)滑动摩擦力的大小与哪些因素有关？有怎样的关系？

(2)需要测量哪两个量？如何测量？

(3)记录的实验数据应如何处理,才能看出它们之间的关系？

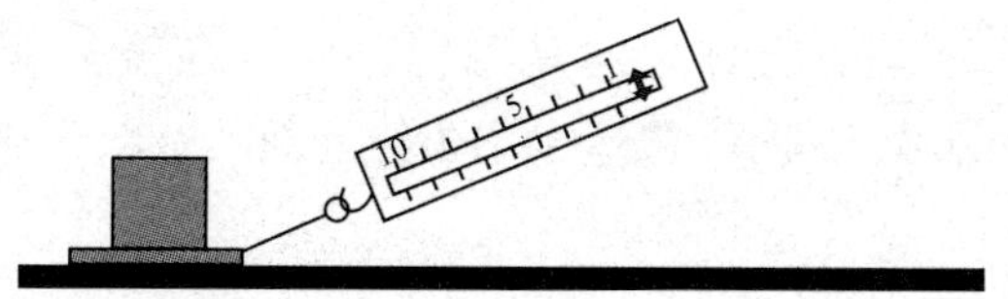

图 6-3　滑动摩擦力大小演示装置

在此基础上教师让学生开展下面的实验：已知滑块质量 $m_0=75$ g，分别取砝码质量 0 g、20 g、50 g、100 g 加在滑块上，使滑块和砝码总重力分别为 0.75 N、0.95 N、1.25 N、1.75 N，将实验过程及数据填入表 6-4。

表 6-4　实验过程及数据记录

	第一组	第二组	第三组	第四组
加砝码	0	20	50	100
m/g	75	95	125	175
F_N/N	0.735	0.931	1.225	1.715
F_f/N				
F_N/N				

实验结论：

滑动摩擦力公式为 $F_f=\mu F_N$，式中 F_N的含义为两接触面间的弹力。

思考：弹力一定等于重力大小吗？动摩擦因数 μ 与什么因素有关系？

得出实验结论后，再进行下面的巩固与检测：

一滑冰运动员在动摩擦因数为 $\mu=0.2$ 的水平面上向左运动，运动员体重为 50 kg，他在运动过程中受到一个方向向右、大小为 50 N 的拉力的作用，则运动员受到摩擦力的大小和方向分别是？

思考：(1)物体相对于施加摩擦力的地面的运动方向向哪里？

(2)物体受到的摩擦力方向与外力 F 的方向有关吗？

总结：滑动摩擦力的方向。

(二)静摩擦力

教师先让学生观察并思考：

(1)将毛刷轻轻向前推，仍保持相对于桌面静止，则毛刷相对于桌面的运动方向如何？桌面对毛刷阻碍作用的方向如何？

(2)手拿起水瓶,假设水瓶光滑,那么水瓶相对于手将向哪里运动?实际情况下水瓶相对手的运动趋势方向是怎样的?水瓶受到手的静摩擦力的方向是怎样的?手持水瓶分别向右运动、向上运动,水瓶受到手的静摩擦力的方向是怎样的?

在上述案例中,相对运动趋势的参考系是什么?受静摩擦力的物体一定是静止的吗?静摩擦力的方向一定与运动方向相反吗?

为探究静摩擦力的大小,可以让学生展开分组实验,实验仪器为木块、钩码、弹簧测力计。实验过程为:把木块(可加重物)放在水平桌面上,让学生用弹簧测力计沿水平方向缓慢拉木块,观察弹簧测力计的示数变化情况,并回答下面的问题:

(1)μ 与 F_N 一定时,随拉力的增大,静摩擦力的大小变化吗?

(2)木块刚要开始移动时,测力计的示数有什么特点?

(3)在木块上增加砝码,木块将要开始移动时测力计的示数是怎样变化的?你有什么结论?

实验结论:

①静摩擦力的范围是:______。

②静摩擦力大小的求解方法是:____________________。

然后教师可引导学生思考:在拔河比赛中,为什么体重大的一队不容易被拉动?并进行课堂小结,让学生总结本节课上在物理知识和物理方法上有哪些收获,并写出本节课的思维导图。

三、二次备课设计

教师通过问题进行导入:"拔河比赛中,为什么体重大的一队不容易被拉动?"本部分的设计意图是从学生熟悉的比赛场景出发提出问题,引起思考,激发学生对本节的学习兴趣。同时可以设计实验,让学生亲身感受摩擦力:

(1)将手紧贴在桌面上,使手相对桌面向前运动,感受桌面对手有什么作用,手相对桌面的运动方向,以及手受到滑动摩擦力的方向。

(2)若将桌面换成更光滑的物理课本封面,阻碍作用怎样变化?若接触面光滑呢?

(3)减小手与桌面间的压力,滑动摩擦力大小怎样变化?若压力消失呢?

本部分的设计意图是通过让学生亲身感受摩擦力,激发学生的学习兴趣。最后,进行课堂小结如下:

1.知识方面

滑动摩擦力产生的原因是物体相互接触且挤压(有弹力),接触面粗糙(不光滑),物体之间存在相对运动;滑动摩擦力的方向是沿着接触面,与物体相对运动的方向相反;滑动摩擦力的大小为 $F_f = \mu F_N$。

静摩擦力产生的原因是物体相互接触且挤压(有弹力),接触面粗糙(不光滑),物体之间存在相对运动的趋势;静摩擦力的方向是沿着接触面,与物体相对运动趋势的方向相反。

2.思维方法方面

(1)科学探究的方法过程为:猜想→实验验证→分析数据→结论。

(2)类比学习法。

本部分的设计意图是通过整节课的进一步学习,让学生体会探究问题的过程,提高综合分析能力,经历建构模型的过程,完善思维导图,构建知识体系。

四、课堂拓展训练设计

教师让学生以小组合作的方式搜集生活中摩擦力的应用和预防例子,制成幻灯片,依据完成情况在小组合作评价中给予打分。本部分的设计意图是通过让学生观察生活中摩擦力的应用和预防情况,体会物理知识在生活中的应用,提高团结协作的能力。

五、自我反思

本节课始终以学生为主体,基本达到了预期的教学目标。要求学生能够在生活情境中利用摩擦力的知识,区分滑动摩擦力和静摩擦力,并能分析摩擦力的方向,计算其大小,掌握有关摩擦力的基本物理观念。课堂从学生拔河的情景入手,提出问题,激发学生的兴趣。学习完本节课后,能利用学到的知识,分析问题,达到“学以致用”的目的。本节课的难点是静摩擦力和滑动摩擦力的方向判断,可让学生通过亲身体验和对生活实例的分析,学会先判断摩擦力的相对运动(趋势)方向,再判断摩擦力的方向,从而提高了学生的观察能力、综合分析能力和建模能力。本节课的重点是滑动摩擦力公式的应用和静摩擦力、最大静摩擦力的特点,在学生自主学习的基础上,通过学生演示实验、处理数据找到规律,加深对公式的理解。学生通过分组实验、小组讨论,探究静摩擦力的特点,提高学生的合作探究能力,培养科学探究精神,最后能利用所学知识,分析生活实际情景。

本节课的不足之处在于:滑动摩擦力的实例分析中,擦黑板的例子由于课前黑板有些湿,因此擦黑板的效果不太明显。滑动摩擦力演示实验中,后面的同学看的效果不好,下节课改用希沃上课助手在屏幕上直播,效果会好很多。静摩擦力的实例少些,应该让学生多举几个生活实例。

六、专家点评

本节课的设计是在分析高考评价体系和物理课程标准的基础上进行的,从多个维度很好地体现了物理核心素养。

本节课的教学设计体现了“以学生为中心”的思想,通过问题引领层层递进,让学生通过自己的努力解决问题。教师围绕学生暴露的问题进行二次备课,体现了“先学后教,以学定教”的理念,有助于提升学生的学习能力,符合课程标准的要求。

教学设计注重学生核心素养的提升,每个环节都有提出问题、理念探究、实验探究、实践应用等环节,学生的科学思维、科学探究能力在活动中得以提升,学生的科学态度与责任在探究中得以升华。教师以拔河引入新课,接着通过学生的亲身感受体会摩擦力及其作用效果,分析生活实例,理解滑动摩擦力的方向判断方法。通过让学生做实验探究滑动摩擦力与哪些因素有关,并探究出定量关系而加深理解,注重探究式物理思维的培养;再通过小组分组实验探究静摩擦力的特点,加深对最大静摩擦力的理解。最后,分析拔河问题,前后呼应。

本节课的教学设计注重联系生活情景,从情景提出问题,建立模型,提出解决问题的方案,又回到生活,学以致用,体现了“物理即生活,生活即物理”的思想,让学生感受到物理之美,通过实际生活情景感受摩擦力,理解滑动摩擦力的产生条件、方向等物理观念,帮助学生建立物质观。

——孙建(中学高级教师,物理学科大组长,多次在市级高三研讨会上做讲座)

(山东省牟平第一中学　李小静)

第七章　化学学科

第一节　二氧化硫的“功”与“过”

——以“硫的转化”为例

在“学习中心式”课堂上，学生的自主性和主动性得到了体现，学生的学习兴趣也大大提高了。“硫的转化”整节课围绕着现在非常热门的环境问题——二氧化硫的危害展开讨论，学习二氧化硫的性质。从性质预测、实验验证到得出结论，帮学生建立完整的化学思维和知识模型。最后，又从二氧化硫的生活应用得到其物质价值，让学生树立正确的辩证思想，提高学生的价值观和情感观。

本节课为普通高中教科书《化学·必修·第一册》第三章第 2 节“硫的转化”。本课主要学习二氧化硫的相关知识。学生通过学习，可逐渐形成单质—氧化物—酸(碱)—盐完整的元素及其化合物知识体系，同时也可以巩固离子反应、氧化还原反应等基础知识。二氧化硫从物质分类的角度分析，属于酸性氧化物，具有酸性氧化物的通性；从化合价的角度分析，SO_2中 S 为＋4 价，具有氧化性、还原性；同时 SO_2还具有其特性——漂白性。这些内容与已学的氯气、离子反应、氧化还原反应等知识的学习方法和技能密切相关，也为后续学习氮的氧化物、硫酸和硝酸等知识提供了更加完善的学习方法。

本节课以“煤燃烧的二氧化硫的污染”为背景，这是当今的社会热点问题之一，也是学生比较熟悉和感兴趣的学习素材，有利于学生学习兴趣的激发。对于此内容，之前学生已完成了氧化还原反应、部分元素化合物知识体系等知识的学习，这些内容对 SO_2知识的学习起到了铺垫和支持的作用。在前面的教学中，已完成了许多探究或验证实验，学生已经具备了一定的动手能力，能够胜任本节课的实验探究活动。

一、课前一次自主预习导学案设计

根据2020年修订的《普通高中学科课程标准(2017年版)》,陈述实验是化学学习的必要手段,应通过实验的方法去学习硫及其化合物的性质,认识在生活生产中二氧化硫的重要应用及危害,探究化学学科与社会发展的紧密关系。生态及环境问题是社会发展主题中的一个重要方面,而化学学科的学习起着很重要的作用,如何厘清环境问题的解决思路,决定了从化学角度来解决环境问题的价值作用。

根据《中国高考评价体系》中的陈述,二氧化硫是高中阶段的必备知识,基于学科素养导向原则,学生应掌握并形成人文社会科学和自然科学各学科的基本知识结构,包括整体知识框架以及基本事实、基本概念、基本原理、基本技术与方法,其中整体知识框架与基本事实以陈述性知识形态掌握为主,并形成知识结构。

上课时,教师先展现二氧化硫超标城市地图视频,让学生思考为什么山西的某些地方空气中二氧化硫超标。本部分的设计意图是从事实及生活实际入手,激发学生学习的兴趣。

本节课的学习目标是:

(1)通过新闻资讯,初步了解煤污染的成因,并探究二氧化硫的物理性质。

(2)从物质分类和价态的视角研究物质的性质,预测和验证SO_2的性质。

(3)认识到社会发展主题与化学上具体物质的学习密切相关,从正、反两个方面认识SO_2给人类和社会带来的贡献与危害,初步形成用辩证的思想去分析问题的方法和态度。

(一)议题一:二氧化硫的物理性质

教师在上课时开场先告知学生煤燃烧带来的问题较多,让学生主要针对其中产生的SO_2进行性质学习。二氧化硫作为一种无色的气体类似于二氧化碳,又不同于二氧化碳:二氧化硫是有刺激性气味的气体,能溶于水,随工业排放污染大气,是形成硫酸型酸雨的主要原因。SO_2可危害人体的正常生理功能,比如对呼吸道、血液中酶的活性、肝脏等器官造成损害,也会危害动植物的正常生长。煤可用于冶金炼焦,但是硫含量高的煤会严重影响钢铁的质量,所以评价煤的质量,重要指标之一就是硫的含量。最后,教师让学生总结二氧化硫的物理性质。本部分的设计意图是结合资料,让学生了解二氧化硫的物理性质,并初步认识二氧化硫对社会发展的危害。

(二)议题二:二氧化硫有哪些化学性质

教师让学生从物质分类和价态的视角看二氧化硫具有哪些性质,依次列举能与二氧化硫反应的物质,并选择所需要的试剂进行验证(紫色石蕊、NaOH 溶液、酸性 $KMnO_4$溶液、酚酞溶液、氯水、H_2S 溶液、氯化钙溶液),完成下面的表 7-1。

表 7-1　二氧化硫的化学性质

预测性质	可选试剂	预测实验现象

本部分的设计意图是通过让学生反思认识物质的性质,引导学生对二氧化硫性质的分析归类到二维角度。教师可引导学生思考这样几个问题:

(1)SO_2漂白过的银耳、豆芽虽然外表美观,但食用后会导致严重的肝损伤,这是为什么?

(2)SO_2、Cl_2分别通入石蕊试液中会产生什么现象?是否相同?

(3)把等物质的量的 Cl_2和 SO_2混合通入石蕊溶液,产生的现象是什么?

(4)推测二氧化硫还有怎样的性质?

完成上述内容后,教师推送下面的自我验收题目:

下列五种有色溶液与 SO_2作用均能褪色,其实质相同的是(　　)

①品红溶液(有机色剂)　②$KMnO_4$酸性溶液　③滴有酚酞的 NaOH 溶液　④溴水

A.①④　　B.①②④　　C.②④　　D.②③④

(三)议题三:如何处理二氧化硫的污染问题

煤炭中的有害成分有硫、磷、氟等,其中以硫最为重要。硫燃烧时产生的 SO_2进入空气中,在粉尘的催化作用下可生成 SO_3,SO_3接触水后会导致硫酸型酸雨,酸雨会破坏建筑物,损坏农田。由此,教师请学生用化学反应方程式展示酸雨形成的过程,并让学生思考:怎样降低煤燃烧时带来的二氧化硫污染?并请学生设计出相应的处理方案。本部分的设计意图是通过学生的方案设计，引导学生形成分析复杂问题的思路和方法。

完成上述内容后，教师让学生进行知识总结，构建硫及其化合物的相互转化关系图，并推送下面的自我验收题目：

判断下列说法是否正确：

(1)SO_2具有漂白性，能使溴水褪色。(　　)

(2)SO_2是酸性氧化物，具有酸性氧化物的通性。(　　)

(3)SO_2能使紫色石蕊试液先变红后褪色。(　　)

(4)少量SO_2通入$BaCl_2$溶液中能生成白色沉淀。(　　)

(5)可用饱和Na_2CO_3溶液除去CO_2中的SO_2。(　　)

(6)硫在空气中燃烧生成SO_2，在纯氧中燃烧则生成SO_3。(　　)

二、二次课堂学习导学案设计

(一)二氧化硫的化学性质

学生探究二氧化硫化学性质的表格完成情况如表7-2所示。

表7-2　二氧化硫的化学性质

预测性质	可选试剂	预测实验现象
酸性氧化物的性质	方案一：紫色石蕊试剂	变红
	方案二：氢氧化钠溶液、酚酞溶液	溶液变红
	方案三：氯化钙溶液	产生白色沉淀
二氧化硫的还原性	方案一：酸性$KMnO_4$溶液	紫红色褪去
	方案二：氯水	浅黄绿色褪去
二氧化硫的氧化性	方案：H_2S溶液	产生淡黄色沉淀

展示上面的表格后，教师再让学生展开合作探究，让学生自行设计实验，来证明二氧化硫可以与水发生化学反应，完成下面的表7-3。

表7-3　二氧化硫与水的化学反应

实验设计	选择试剂	实验现象	结论以及方程式

结合研究化学物质的基本方法，教师让学生通过合作、实验探究二氧化

硫具有的化学性质，然后进行下面的问题呈现：科学的研究方法是我们获得新知的重要手段，在用化学方法研究某种物质的性质时，我们遵从的研究流程是什么？

（二）二氧化硫的漂白性

教师再次给出问题及学生的答案：

下列五种有色溶液与 SO_2 作用均能褪色，其实质相同的是(D)

①品红溶液（有机色剂）　②$KMnO_4$ 酸性溶液　③滴有酚酞的 NaOH 溶液　④溴水

A.①④　　B.①②④　　C.②④　　D.②③④

然后让学生重新进行错题再练：

(1)SO_2、Cl_2 分别通入石蕊试液中，会产生什么现象，是否相同？

(2)把等物质的量的 Cl_2 和 SO_2 混合通入石蕊溶液，产生的现象是什么？

本部分的教学目标是让学生认识高中阶段的漂白剂及漂白原理，学会用辩证的思想去看事物，并总结二氧化硫的用途。

（三）如何处理二氧化硫的污染问题

教师带领学生结合煤的实际处理方案，解决二氧化硫的污染问题，强化化学的视角与社会的问题相互联系，提升分析面对科学议题时的综合能力。教师可在此引入拓展提升：工业上对煤燃烧后的废气进行处理，通常加入生石灰或者石灰石作为脱硫剂，基本流程为空气及煤燃烧排放的废气 SO_2 等与碳酸钙水溶液的浆状物进行混合发生转化：$SO_2 \rightarrow CaSO_3 \rightarrow CaSO_4$，并请学生写出废气脱硫过程中发生的主要反应的化学方程式。

然后，教师向学生展示 2020 年冬天某两天的空气质量详情，让学生通过对比，分析造成中度污染可能的因素及原因是什么。

12 月 15 日烟台市天气详情：空气质量优（指数为 30）；PM10：26；PM2.5：9；NO_2：27；SO_2：5。

12 月 22 日烟台市天气详情：空气质量中度污染（指数为 157）；PM10：160；PM2.5：120；NO_2：42；SO_2：27。

然后让学生完成下面的自我验收题目：

下列燃煤脱硫方法中，不合理的是（　　）

A.用生石灰或消石灰的浆液作为洗涤剂，吸收烟气中的二氧化硫

B.用硫酸铁溶液浸泡原煤，将其中的 FeS_2 除去

C.用氨水吸收烟气中的二氧化硫，得到氮肥硫酸铵

D.用适量的水吸收燃烧产生的二氧化硫

三、二次备课设计

教师首先提出下面两个问题，进行问题导入：

(1)摩擦火柴(又称“硫化磷火柴”)、过年的鞭炮在点燃后会有刺鼻的气味，为什么？

(2)将一个集满 SO_2 的矿泉水瓶倒扣在水槽中，打开瓶盖，使一定量的水进入矿泉水瓶中，然后盖上瓶塞，振荡，会出现什么现象？并进行分析。

教师让学生讨论后进行以下成果展示：

(1)若以淀粉、虫胶代替硫黄并加入一些香料，便制成了无硫芳香火柴，这种火柴燃烧时不产生刺激性气体 SO_2，且能散发香味，使人感到舒适。

(2)二氧化硫的物理性质：无色，有刺激性气味的有毒气体，易液化，密度比空气大，易溶于水。

(3)二氧化硫溶于水仅仅是溶解吗？有没有发生化学反应？如果有，请设计实验来证明。

教师让学生展开合作探究，设计实验来证明二氧化硫与水可以发生化学反应，思考 1 分钟后进行讨论，完成下面的表 7-4：

表 7-4 二氧化硫与水的化学反应

预测	可选试剂	实验现象	结论以及方程式
可发生反应	石蕊	溶液变红	$SO_2+H_2O═H_2SO_3$

教师让学生结合研究化学物质的基本方法，通过小组讨论和实验，探究二氧化硫的化学性质。科学的研究方法是获得新知的重要手段，用化学方法研究某种物质的性质时，遵从的研究流程是“性质预测→实验验证→得出结论”。

教师让学生将二氧化硫具有的化学性质填入下面的表 7-5：

表 7-5 二氧化硫具有的化学性质

预测性质	可选试剂	预测实验现象	结论以及方程式
酸性氧化物的性质	方案一：紫色石蕊试剂	变红	
	方案二：氢氧化钠溶液、酚酞溶液	溶液变红	
	方案三：氯化钙溶液	产生白色沉淀	

续表

预测性质	可选试剂	预测实验现象	结论以及方程式
二氧化硫的还原性	方案一：酸性 $KMnO_4$ 溶液	紫红色褪去	
	方案二：氯水	浅黄绿色退去	
二氧化硫的氧化性	方案：H_2S 溶液		

结合学生确定的实验方案，进行如下实验：

(1)二氧化硫与紫色石蕊试液的反应。

(2)二氧化硫与含有酚酞的氢氧化钠溶液的反应。

(3)二氧化硫与氯化钙溶液的反应。

(4)二氧化硫与酸性高锰酸钾溶液的反应。

(5)二氧化硫与氯水的反应。

(6)二氧化硫与 H_2S 溶液的反应。

本部分的设计意图是引导有序的思考模式，对学生设计的方案进行实验验证，多方面、多角度地总结二氧化硫的化学性质。

完成上述内容后，教师引导学生认识高中阶段的漂白剂及漂白原理，让学生学会用辩证的思想去看事物，总结二氧化硫的用途。教师可让学生开展实验探究：二氧化硫与品红溶液的反应，完成下面的表 7-6：

表 7-6 二氧化硫与品红溶液的反应

物质	SO_2	$HClO$、H_2O_2、Na_2O_2、O_3	活性炭
漂白原理	与有色物质结合成无色物质	将有色物质氧化为无色物质	吸附有色物质
变化类型	化学变化	化学变化	物理变化
是否可逆	可逆，加热或久置后恢复原来颜色	不可逆，加热或久置后不恢复原来颜色	处理后可重复使用

完成表格后，教师引导学生思考以下问题：

(1)若将 SO_2 及 Cl_2 分别通入品红试液中，会产生怎样的现象？

(2)如何检验二氧化硫？

本部分的设计意图是让学生认识褪色的原理是由漂白剂性质的不同决定的，从而从性质入手来分析问题。

完成上述问题后，再结合煤的实际处理方案解决二氧化硫的污染问题，强化学生的化学视角与社会问题相互联系，提升学生分析面对科学议题时的综合能力。教师引导学生思考问题：如何处理二氧化硫带来的污染问题？

方案评价：将煤燃烧后的气体（二氧化硫）通入碱性溶液（氢氧化钠溶液）中进行反应，防止二氧化硫泄漏到空气中污染大气。补充资料：工业上对煤燃烧后的废气进行处理时，通常加入生石灰或者石灰石作为脱硫剂，基本流程是空气及煤燃烧排放的废气 SO_2 等与碳酸钙溶液的浆状物混合后发生转化：$SO_2 \rightarrow CaSO_3 \rightarrow CaSO_4$。

基于以上内容，教师请学生写出废气脱硫过程中发生的主要反应的化学方程式。本部分的设计意图是培养学生关注生产生活的意识，发展信息提取、加工和整合的能力，从而解决现实问题。然后教师进行课堂小结如下：二氧化硫的性质：色、态、味、溶解度、密度、毒性，还原性，氧化性，漂白性，酸性氧化物的通性。

四、课堂小组合作学习设计

教师召集学生开展一次辩论会，辩论主题是：结合本节课所学的知识及自己所拿到的资料卡片，说说二氧化硫到底是“大坏蛋”还是“大好人”？

教师补充资料：虽然二氧化硫对人类和环境都有一定的危害，但是二氧化硫在生产、生活中还是有一定的用途的。二氧化硫是硫酸的酸酐前体，可以用于漂白纸、织物，同时在对水的脱氯处理工艺中可将氯气还原，使之变成氯离子；它还是制冷剂的候选物质。二氧化硫还具有抗菌性，被少量用作干果的防腐剂。

辩论流程为：问题导入→自主完成（前 2 分钟写出自己的观点）→合作交流（分成两大组：2 分钟小组合作记录观点）→辩论（各组长及组员积极参与阐述自己的观点）→教师评价（清晰地点评，并让学生看待事物要有辩证的思维模式）。辩论完成后完成下面的表 7-7：

表 7-7　二氧化硫到底是“大坏蛋”还是“大好人”

辩题	正方：二氧化硫是“大好人”	反方：二氧化硫是“大坏蛋”
个人观点		
组员观点	同学 1： 同学 2： ……	同学 1： 同学 2： ……

本部分的设计意图：合作交流最主要的是要先自主思考。教师让学生动脑、动手记录自己的观点，同时共享知识，提升合作交流的价值，辩论的同时也丰富了对二氧化硫的社会价值的认识。

五、课后拓展训练设计

教师推送这样的课后拓展训练设计：有两瓶气体，分别集满了二氧化碳和二氧化硫，请学生设计实验鉴别它们（可以多方法、多角度地进行探究）。本部分的设计意图是利用所学的二氧化硫的化学性质分析二氧化碳和二氧化硫的异同，提升用分类法和比较法来解决问题的能力。

六、自我反思

本节课从煤带来的二氧化硫污染入手进行导学案学习，学生的知识体系由社会问题进入，学习兴趣由此提升，知识的构建从预测到实验，从结论到实践，又用来解决社会问题。整节课环环相扣，设计问题层层递进，最后又由一个辩论来认识二氧化硫的社会价值，让学生以辩证的思维去看事物，以及多角度、多方位地研究物质。本节课的不足之处是题目过于简单，针对学生提升更有梯度的问题是有难度的。

七、专家点评

在本节课中，煤的污染不仅仅是引入环节，还被转化成了第一个讨论的问题"如何降低煤的污染"。学生在此先做导学案，形成了分析煤污染尾气的完整思路，再聚焦到二氧化硫的污染与防治中。

在本节课中，化学视角和社会视角不断交织，彼此推动，而学生也在其中体会到了二氧化硫的性质如何带来了环境污染，又如何被人类应用，从而促进了知识向认识角度的转化，同时激发了学生的学习热情，达到了化学学科素养和社会责任感的"双提升"。

——周美卿（中学高级教师，牟平一中资深化学教研组长）

（山东省牟平第一中学　杨秀丽）

第二节　美味的秘密

——以“探秘膨松剂”为例

“学习中心式”课堂是一种理想的课堂教学形式，在这样的课堂上，教师能最大限度地激发学生自主学习的积极性，深度激发学生的学科思维。在进行“探秘膨松剂”这一节内容的教学设计时，笔者努力将这一探究项目式活动与“学习中心式”课堂进行融合，在探究项目进行的整个过程中都注重学生的自主探究和深度思考。从学生与膨松剂的“相识”“相知”到“相惜”，每个过程中学生的自主学习和思考都让笔者感到惊喜。在“相惜”环节，笔者安排的是让学生动手使用膨松剂，深刻体会膨松剂的美妙作用，学生的作品更是让笔者感到惊喜：照片、小视频，学生用多种形式记录下了膨松剂的美好，我想这在他们心中的记录会更加深刻！

本课是普通高中教科书《化学·必修·第一册》第一章的微项目。第一章包括三节，其中“研究物质性质的方法和程序”是非常重要的一节，为后续元素化合物的学习搭建了方法平台。在第二节中，学生已经体会并研究了钠和氯气的性质。除了在实验室中对物质的研究，研究物质性质的方法和程序还具备怎样的实用价值呢？这就是教材安排本章微项目“探秘膨松剂”的意图，即引导学生在真实情境下识别核心物质，结合研究物质性质的方法和程序，认识核心物质的性质，进而体会真实情境下物质的应用，这就是本微项目在实施过程中需要体现的东西。

从知识的角度看，这部分内容主要承载的是碳酸氢钠的化学性质，同时兼顾和碳酸钠性质的对比；从方法的角度看，这部分内容主要是引导学生在真实情境下，通过分类、比较、观察、实验等研究方法，结合研究物质性质的基本程序，对碳酸氢钠用作膨松剂的作用原理进行实验探究，体会研究物质性质的基本方法和程序的实用价值。

经过第一章前三节的学习，尤其是第2节的学习，学生已经学习了钠和氯气的性质，所以本节在进行的时候学生已经有了方法基础。膨松剂比较接近学生的生活，有的学生在家里已经有过制作面包、糕点的生活经验，所以学生看到这个项目任务会觉得比较亲切，容易接受，容易产生兴趣。另外，膨松剂的核心物质为碳酸氢钠，学生在初中阶段对碳酸氢钠的性质和碳酸氢钠与酸的反应就有所了解，在知识、方法、情境方面都具有了一定的基础，因此分析起来不会有陌生感，容易代入。

一、课前一次自主预习导学案设计

本课旨在结合真实情境中的应用实例或通过分析实验进行探究，了解钠及其化合物的主要性质，了解这些物质在生产生活中的应用；让学生了解通过化学反应可以探索物质的性质，认识物质转化在促进社会文明进步、自然资源综合利用和环境保护方面的重要价值。

高考评价体系明确了“一核”“四层”“四翼”及其在素质教育发展中的内涵。“四翼”突出基础性，同时也重视综合性、应用性与创新性。通过真实的问题情境，考查学生运用已学的知识分析、解决问题的能力。学科素养要求学生在面对与学科相关的实践问题或情境中的问题时，具有能有效地认识问题、分析问题、解决问题所必备的整体能力和知识。“探秘膨松剂”这个微项目的重点就是，在真实的情境中研究物质的性质，让学生体会在真实情境中研究物质性质的方法和程序，这也符合高考评价体系的要求。

“纤手搓来玉数寻，碧油煎出嫩黄深。夜来春睡无轻重，压扁佳人缠臂金。”苏东坡的这首诗描绘出了一位年轻女子加面添水、和面塑形，然后将其放入油锅中炸成香嫩金黄的面食这样一个生动形象的场景，也算是对油条的最早诗句描述。教师由此引导学生思考：油条是我们的早餐之一，当你吃着松软酥脆的油条时，是否曾将松软可口的它与你学到的化学知识联系起来过呢？

在上面的内容中，松软酥脆的油条、诗词大家苏轼都是学生非常熟悉的，但是学生可能想不到苏轼曾给油条写过诗。在这一意识冲突中，教师引导学生将“松软”与化学知识相联系。

本节课的学习目标是：

(1)通过该微项目，增强学生探究新知、崇尚科学的意识，发展学生的科学态度与社会责任的学科素养。

(2)基于研究物质化学性质的方法和程序，探究 $NaHCO_3$ 的性质，发展模型认知、宏观辨识与微观探析的核心素养。

(3)设计实验并完成实验，通过观察、记录实验现象，分析获得的实验结论，发展证据推理、科学探究与创新意识的核心素养。

(一)议题一:实践活动——相识

教师让学生在课后到附近超市或者家庭厨房寻找膨松剂,并完成以下任务:①尽可能多地找到不同的膨松剂;②记录膨松剂的主要成分,查阅资料,形成一份名为《膨松剂》的汇报报告,向大家展示自己了解的膨松剂。本部分的设计意图是以贴近学生生活的膨松剂作用原理的研究为真实情境,引导学生关注身边有关化学物质的性质与应用,体会化学对自己生活的重要影响,促进学生核心素养的发展。

(二)议题二:探究碳酸氢钠用作膨松剂的作用原理——相知

教师让学生阅读课本的相关内容以及资料卡片,推测在制作馒头的过程中 $NaHCO_3$ 所发挥的作用,把推测的具体依据(以上两部分资料中具体的文字描述)和 $NaHCO_3$ 用作膨松剂的作用原理或者 Na_2CO_3 的性质预测填写在下面的表 7-8 中(可以不填满)。

表 7-8　Na_2CO_3 的性质推测

推测的具体依据	推测的作用原理(性质)
示例:用酵头发面,然后加入 Na_2CO_3 调节酸性	Na_2CO_3 具有碱性
1.	
2.	

本部分的设计意图是以教材提供的家庭蒸馒头的材料为真实情境,通过深入阅读,锻炼学生分析、提取文字中包含的化学信息的能力,据此预测碳酸氢钠的化学性质,进而能设计实验方案,验证对性质的预测。

然后,教师让学生根据自己对 $NaHCO_3$ 作用原理的推测,预测 $NaHCO_3$ 的性质,并设计完整的实验方案来验证自己的预测。实验方案要简单易操作且现象明显,试剂可自选(根据自己的实验方案确定),其他用品为试管、酒精灯、铁架台、药匙,并完成下面的表 7-9:

表 7-9　$NaHCO_3$ 的性质推测

预测性质	设计实验方案	预计实验现象
1.		
2.		

完成表格后,教师引导学生思考并解释馒头制作过程中的以下问题:

(1)用酵母发面时,加入食用面碱(Na_2CO_3)的作用是什么?

(2)当发现面团发得不太好时，为什么没有像往常那样加入食用面碱，而是加了一些小苏打($NaHCO_3$)？为什么最后蒸的馒头色泽发黄并略带碱味？

(3)为什么小苏打可以单独用作蒸馒头的膨松剂，但效果并不太好？

(4)为什么在使用$NaHCO_3$的同时加入一定量的食醋，效果就理想多了？

(5)如果面团没有发酵，可以直接在面团中加入纯碱碳酸钠作为膨松剂吗？为什么？

根据以上问题，教师让学生总结自己在"探秘膨松剂"这一项目实施过程中所用的研究物质性质的思路和方法，并说一说是怎样分析和解决实际问题的，同时思考一下通过探究活动收获了关于$NaHCO_3$的哪些知识。本部分的设计意图是通过对碳酸氢钠的性质及其用作膨松剂的原理的分析和认识，能得出纯碱不能用作膨松剂的结论，且能说明理由，深化证据推理的学科素养。

(三)议题三：解密复合膨松剂

教师让学生阅读课本上的相关内容，并根据自己寻找的膨松剂的成分(配料)，分析复合膨松剂的组成成分，完成表7-10：

表7-10　复合膨松剂的组成成分

物质(或者物质类别)	作用

本部分的设计意图是：学生对于膨松剂的认识基本是源于超市中的各类复杂的膨松剂；然后进行物质聚焦，研究了核心物质碳酸氢钠的性质；最后应该让学生认识到单一膨松剂的不足，再回归复杂情境中，明确复合膨松剂中各成分的作用。

教师最后进行归纳总结：在研究膨松剂的过程中，是按照什么样的研究步骤进行的？用到了哪些研究方法？让学生用流程图的形式将这一过程表示出来。本部分的设计意图是让学生总结在生活情境中研究物质性质的基本方法和基本程序，并且外显真实情境中研究物质的思维模型，过程为：真实物质(膨松剂)→聚焦核心物质(碳酸氢钠)→探究核心物质的性质→回归真实情境(复合膨松剂)。

二、二次课堂学习导学案设计

针对学生阅读不够细致，导致性质预测不完整的问题，教师可利用问题引导、分析展示的方式，培养学生的化学认识视角，帮助学生寻找解决陌生情境下复杂化学问题的突破口。

问题引导：阅读材料中的蒸馒头案例中出现了哪些问题？让学生思考是如何解决这些问题的，以及在解决问题的过程中体现或应用了碳酸氢钠的什么性质，完成下面的表7-11：

表7-11　实验方案设计评价

预测性质	设计实验方案	优化实验方案

完成表格后，再让学生解释馒头制作过程中的以下问题：

(1)用酵母发面时，加入食用面碱的作用是什么？

(2)当发现面团发得不太好时，为什么没有像往常那样加入食用面碱，而是加了一些小苏打？为什么最后蒸的馒头色泽发黄并略带碱味？

(3)为什么小苏打可以单独用作蒸馒头的膨松剂，但效果并不太好？

(4)为什么在使用小苏打的同时加入一定量的食醋，效果就理想多了？

三、二次备课设计

教师播放电视节目片段《什么是膨松剂》，本部分的设计意图是以节目视频的形式激发学生的学习积极性，用生活中的真实情境引导学生关注生活中的化学，体会化学对生活的积极影响，深化学生的科学态度与社会责任的学科素养。

通过让学生进行超市调查和查阅资料认识各种膨松剂，让学生体验膨松剂在生活中的重要作用，能较好地通过小组成员的分工合作，梳理清楚膨松剂的分类，并向大家展示小组的成果。教师选择两个比较优秀的小组，展示小组的《膨松剂》汇报报告并进行点评。

然后，基于研究物质性质的方法和程序，让学生探究 $NaHCO_3$ 的性质，发展科学探究、模型认知、宏观辨识与微观探析的化学学科核心素养。教师开展相关的问题引导：阅读材料中的蒸馒头案例出现了哪些问题？是如何解决问题的？在解决问题的过程中体现或应用了碳酸氢钠的什么性质？

本部分的设计意图是：预习学案反馈出学生阅读不够细致的问题，导致对性质预测不完整，因此设计了问题引导，培养学生的化学认识视角，帮助学生寻找解决陌生情境下复杂化学问题的突破口。

让小组展示、补充分析结果，教师让学生相互之间进行对实验方案的设计评价，展示导学案上学生设计的实验方案，评价实验方案是否可行，有何优点或者缺点，并确定最优方案。

本部分的设计意图是：导学案反馈出学生的实验方案设计多样，有些方案不够简约，实验现象不明显等，由此教师设计了本探究，将学生设计的典型的实验方案展示出来，通过小组交流发现相互之间实验设计的不足和优点，确定最终的实验方案。在此过程中，发展学生的科学探究与创新意识的学科核心素养。

最终，小组进行实验验证，总结碳酸氢钠的性质，从物质分类的角度了解复合膨松剂的组成，了解复合膨松剂相较于单一膨松剂的优势，学会在真实情境中分析、解决实际问题，探究陌生物质的性质，促进"科学态度与社会责任"核心素养的发展。教师展示预习导学案上学生对于复合膨松剂成分和作用的分析，在学生评价时从物质类别的角度展开。

教师进行课堂小结如下：我们研究膨松剂的过程中，是按照什么样的程序来进行的？用到了哪些研究方法？让学生用流程图的形式将这一过程表示出来（观察发现→聚焦核心物质→性质预测→设计实验→验证分析→得出结论）。

四、课堂小组合作学习设计

（一）议题

阅读材料中的蒸馒头案例出现了哪些问题？是如何解决这些问题的？在解决问题的过程中体现或应用了碳酸氢钠的什么性质？根据问题完成下面的表 7-12。

表 7-12 对实验中问题的观点

	案例中出现的问题	如何解决问题	体现了物质的什么性质
自己的观点			
其他组员的观点			

（二）实施流程

学生个人再次认真阅读材料，回答给出的议题，将个人观点呈现在表格中。展开小组内交流，每位成员都发表自己的观点，重复的观点不再赘述。每位成员将其他组员的观点记录在表格中，组员意见相左时可以辩论。小组发言人整合组内成员的观点，准备班内展示。

（三）呈现效果和优势

教师通过设置的三个阶梯式的问题，逐步引导学生发现膨松剂所起的作用，对碳酸氢钠的性质预测更准确、完整。在组内成员交流的过程中，让学生展开互相辩论，这培养了学生的批判性思维；在倾听其他组员的分析时，可以借鉴学习不同的分析入手点，这可以打开、扩展学生的化学认识视角，对培养学生的化学科学思维方式有极为重要的作用。

本部分的设计意图是：针对预习学案反馈出的问题，如学生阅读不够细致，导致对性质预测不完整等，设计了该合作探究活动，意图通过小组合作学习过程中组员之间的交流和辩论，扩展个人的思维，提升学生的理解能力。

五、课后拓展训练设计——相惜

（1）实践活动：使用膨松剂制作馒头或者烘焙小蛋糕，体会膨松剂在其中的重要作用（建议：以照片或者视频的形式记录制作过程，展示作品）。

（2）设计意图：在经历了对碳酸氢钠作为膨松剂的原理探究以及复合膨松剂成分的认识之后，让学生使用膨松剂制作面点，在使用中体会膨松剂在生活中的应用，提升学生对化学科学的认同感和社会责任的学科素养。

（3）学生成果展示：有的同学拍摄了烘烤面包的小视频，有的同学拍摄了蒸馒头的小视频。

六、自我反思

本节课的优点是在教学设计与实施中处处体现了“以学生的学习为中心”，通过学生在厨房和超市的观察及网络自主学习，激发学生的认知欲；引导学生关注膨松剂中的核心物质碳酸氢钠的性质。学生通过分析预测碳酸氢钠的性质，自主设计实验并且进行实验验证，得出结论。最后，再将核心物质归于生活中的物质复合膨松剂，通过物质类别这一化学思维角度让学生认识复合膨松剂中各类物质的作用。

学生使用膨松剂制作面食，深刻体会膨松剂的作用。学生的作品以及对待课后实践作业的热情让笔者深深感动，同时让笔者更加深刻地体会到“以学习为中心”的重要性。当我们真正地做到“以学习为中心，以学生为主体”的时候，我们的学生将展现出他们强大的学习能力和学习欲望，带给我们更大、更多的惊喜。

本节课的不足之处有：通过课上实施来看，相对于理论分析和推理，学生的动手实验能力是有所欠缺的。碳酸氢钠受热分解的实验中，学生动手做的时候有点手忙脚乱，有的小组组装的装置气密性不好，导致实验结果不理想。

七、专家点评

这堂课从课前预习导学案的设计到课后拓展活动，针对身边生活中常见的物质膨松剂，利用学生熟悉的诗词大家苏轼的一首诗和电视节目中的一段视频引入新课，激发了学生内心对知识的渴望和探究化学原理真相的激情。整个活动的设计行云流水，以与膨松剂的“相识—相知—相惜”为教学主线，每个过程都注重以学习为中心，引领学生从探究思维的角度，分析、预测、验证碳酸氢钠作为膨松剂的原理，认识碳酸氢钠的性质。在该微项目的实施过程中，学生应用了研究物质性质的程序和方法，研究了真实情境中的新物质，真切地体会到了化学对美好生活的贡献，发展了学生的科学探究与社会责任的学科核心素养，是一节非常优秀的课例。

——慕连凤(中学高级教师，牟平一中化学教研组长，山东省优质课一等奖获得者)

(山东省牟平第一中学　张　敏)

第八章　生物学科

第一节　绿叶吐芬芳·生命获能量·学生重思量

——以“光合作用的原理”为例

知识来源于生活,知识应用于生活。我们想教给学生什么?我们想让学生学会什么?我们想要教出什么样的学生?笔者觉得,做教育,更不能忘初心。对于生物这样的自然学科,它的每个概念、每个定律,都应该从现实生活中总结归纳出来,而且要让学生知道,怎么利用所学的知识解决生活中的问题,这就需要情境教学。生物学科离不开实验,离不开探究,离不开验证,那我们就要教给学生,如何去发掘探究性的问题,如何去用理科思维解决这些问题,如何证明问题的正确与否,这就需要一个探究性的课堂,而不仅仅是知识的灌输。

学生是课堂的主人,教师只是一个“幕后导演”。在课堂上,教师负责给学生提供情境,控制问题导向,帮助学生总结归纳,而真正完成学习的是学生。教师要让学生参与到课堂中,发挥学生的主体地位。

本节课是普通高中教科书《生物学·必修一·分子与细胞》的第五章“细胞的能量供应和利用”中的第四节“光合作用的原理和应用”。本节教材介绍了两个问题:一个问题是显微镜下叶绿体的结构,引导学生思考叶绿体的结构为什么适用于光合作用。关于叶绿体的功能,教材只利用了恩格尔曼的两个实验为素材,引导学生得出结论。另一个问题是光合作用的原理,对此学生知之甚少,本节的学习主要是引导学生对总反应式进一步深化了解,如产物中氧气的来源如何?葡萄糖在哪里形成?反应中发生了哪些变化(物质、能量)?

高一学生的知识储备中只有叶绿体,知道叶绿体是进行光合作用的场所,知道光合作用需要什么,能产生什么,至于光合作用的原理则尚未了解。

因此，如果能利用学生的好奇心，可以比较顺利地开启本节课的学习。

课标分析：物质和能量都是守恒的，那么光合作用所产生的物质源于何处？光合作用捕获的光能又去向何方？这就是本节课中学生所要详细了解的。学生通过本节课的学习，能够阐明在植物进行光合作用的过程中，什么物质发生了转化，以及能量又是如何变化的。

高考评价体系：新教材引领下的新高考导向与我们的教学诉求是一致的。在“四层”考察目标的导向下，我们理应引领学生夯实生物基础知识，提高学科阅读分析能力，提升学生的学科素养，升华生物学科的核心价值。在课堂上，在练习中，教师更应该注意如何去创新地利用情境、材料，引领学生进行探究、分析，让学生在学习中提高分析问题、解决问题的能力，以应对高考“四翼”的考查要求，从而应对当今“活到老，学到老”的社会环境。

上课前，教师先用平板电脑推送视频《植物工厂的秘密》，本部分的设计意图一是通过“植物工厂”为植物提供的各种条件，引出光合作用的原料和条件；二是让学生学会观察生活，关注农业生产，热爱生活、热爱生命。

本节课的学习目标是：

(1)回顾叶绿体的亚显微结构，分析恩格尔曼的实验，总结叶绿体有哪些结构适用于开展光合作用？叶绿体的功能有哪些？

(2)分析光合作用的部分实验，能用简短的语言或者图示表示出水光解产生氧气的反应过程以及氧元素的去向。

(3)阅读课本，结合图形，总结光合作用的过程。能够说出光反应和暗反应在哪里进行，需要哪些条件，在物质和能量上有哪些变化。

一、课前一次自主预习导学案设计

(一)叶绿体的结构适于进行光合作用

教师让学生阅读课本上的相关内容，标注叶绿体各部分结构的名称，然后思考以下问题：

(1)光合色素和酶分别分布在哪里？

(2)类囊体的存在有什么意义？

(3)总结叶绿体有哪些适于进行光合作用的结构。

(4)阅读课本上的资料，观看视频，思考讨论以下问题：

①恩格尔曼两个实验的结论分别是什么？

②恩格尔曼选用的实验材料是什么？其有什么优点？

③恩格尔曼在实验设计上都遵循了实验的哪些原则？从中你学到了什么？

④归纳总结叶绿体的功能。

本部分的设计意图是让学生提高获取信息、分析归纳的能力。完成上述内容后，教师利用平板电脑推送下面的自我验收判断题：

(1)叶绿体的酶只分布在基质中。(　　)

(2)恩格尔曼的实验证明了光合作用也可以产生淀粉。(　　)

(3)叶绿体用以吸收光能的结构是嵴。(　　)

完成题目后，教师让学生将相关内容总结归纳如下：

(1)光合色素分布在____________________

(2)光合色素的作用是____________________

(3)叶绿体的功能______________________

然后，教师让学生在平板电脑上的讨论区提出自己的疑问，并相互解答。本部分的设计意图是让学生学会从实验中提出问题并反思、总结。

(二)光合作用的原理

教师先让学生阅读课本上的资料"探索光合作用原理的部分实验"，然后思考以下问题：

(1)请试着写一下希尔反应的反应过程。

(2)在希尔的实验中能否看出以下问题：光合作用的氧气来源于哪里？光解水和合成糖是一起反应的吗？

(3)鲁宾和卡门的实验又说明了什么？他们运用了什么实验方法？

(4)请用简单的示意图表示希尔反应和 ATP 的关系。

教师再让学生阅读课本上的相关内容，思考以下问题：

(1)光反应和暗反应都需要光吗？

(2)光反应发生在哪里？还需要什么条件？

(3)光合色素吸收的光能用作何用？去向何处？

(4)暗反应发生在哪里？需要什么条件？

(5)在暗反应过程中碳的行踪如何？卡尔文用了什么研究方法？

(6)光反应和暗反应是否"暗送秋波"？谈谈自己的看法。

完成上述内容后，教师利用平板电脑推送下面的图形填充题(见图 8-1)：

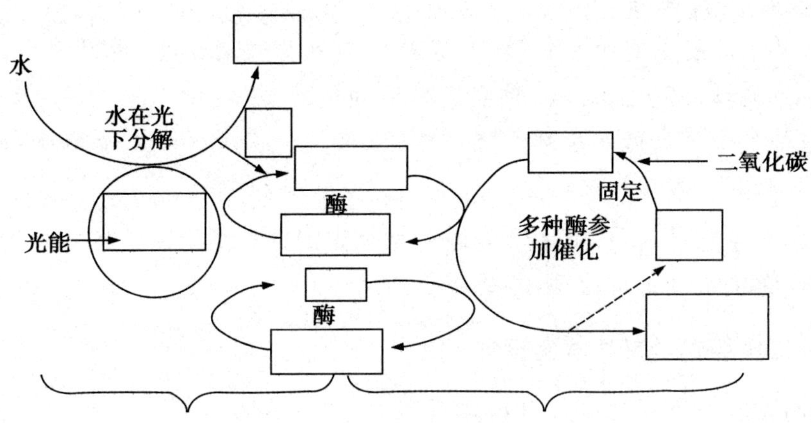

图 8-1 光合作用的基本过程

并将相关内容总结归纳为表 8-1：

表 8-1 光合作用的基本过程

项目		光反应阶段	暗反应阶段
区别	场所		
	条件		
	物质变化		
	能量变化		

然后，教师让学生在平板电脑的讨论区提出自己的疑问，并相互解答，解答完成后进行下列知识的归纳与运用：

1.光能的两个用途是什么？

2.还原性辅酶Ⅱ(________)的作用：____________________

3.光反应阶段的产物有：________________

4.欲测定植物是否进行光反应，可以检测是否有(　　)

A.葡萄糖的生成　　B.淀粉的生成

C.O_2的释放　　D.CO_2的吸收

5.光合作用过程中，产生 ADP 和消耗 ADP 的部位在叶绿体中依次为(　　)

①外膜　②内膜　③基质　④类囊体膜

A.③②　B.③④　C.①②　D.④③

6.联系生活，回答下列问题：

(1)某个晴朗凉爽的春日，对某绿色植物进行遮阴处理，短时间内，该绿色植物中的[H]、ATP、C_3、C_5 的含量将会如何变化？

(2)某个晴朗炎热的夏日午后，绿色植物光合作用速率下降的原因是什么？(提示：气孔变化)

完成上述题目后，教师请学生构建光合作用的思维导图。本部分的设计意图是让学生学会归纳梳理知识点。

二、二次课堂学习导学案设计

(一)光合作用的探索历程分析

教师让学生根据实验的自变量、因变量和无关变量，重新分析恩格尔曼的实验，总结其设计的优点，以提高学生分析实验、设计实验的能力。同时教师提问：“恩格尔曼在实验设计上都遵循了实验的哪些原则？你学到了什么？”

然后，教师播放恩格尔曼的完整实验视频，以小组为单位进行讨论，中心议题是恩格尔曼在实验设计上的巧妙之处，讨论要点包括实验目的、自变量、因变量、无关变量、一开始水绵放在什么环境中、该实验有无对照，讨论完成后进行总结：恩格尔曼是如何进行对照的？如何控制无关变量？最终得出结论：该实验在设计上的巧妙之处是什么？

完成上述内容后，教师引导学生思考：大量的需氧细菌聚集在红光和蓝紫光区域说明了什么？

(二)光合作用的过程和原理

教师让学生尝试着用简短的文字、箭头或者方程式，梳理光合作用的过程，总结其中的物质和能量变化是如何进行的，并推送以下问题：

(1)光反应中有哪些物质参与了反应？产物是什么？能量发生了什么变化？

(2)暗反应中有哪些物质参与了反应？产物是什么？能量发生了什么变化？

教师让学生以小组为单位，通过观看视频、再次阅读课本，讨论以下问题：

(1)光反应阶段发生了哪些化学反应？

(2)暗反应阶段发生了哪些化学反应？

(3)光能在光反应中去向了哪里？暗反应中能量又发生了什么变化？

(4)根据自己写的反应过程思考，氧气中的氧元素是如何提供的？二氧化碳中的碳元素转移到什么物质中去了？

完成上述内容后，再进行下面的错题再练：

1.光合作用过程中，ATP 从______移动到______，ADP 从______移动到______。

2.判断：

(1)水参与光反应和暗反应阶段。(　　)

(2)光反应不需要酶的参与。(　　)

(3)光能最终储存在有机物中，转化成有机物中稳定的化学能。(　　)

(三)光反应与暗反应的联系

教师让学生构建 C_3 和 C_5 的转化关系，分析当光照或者 CO_2 浓度发生变化时对它们的影响，从而学会分析变量的方法。要做到手、脑结合，而不是盲目空想。首先是联系生活，重新思考下列问题：

(1)某个晴朗凉爽的春日，对某绿色植物进行遮阴处理，短时间内，该绿色植物中的[H]、ATP、C_3、C_5 的含量将会如何变化？

(2)某个晴朗炎热的夏日午后，绿色植物光合作用速率下降的原因是什么？

然后教师让学生展开合作探究，中心议题是 C_3、C_5 如何发生变化，讨论要点包括：①用箭头与文字表示出 C_3 与 C_5 相互转化的反应式；②突然停止光照，首先影响哪种物质的变化以及如何影响另外三种物质的变化；③突然中断 CO_2 供应，首先影响哪种物质的变化以及如何影响另外三种物质的变化；④应该如何总结回答 C_3、C_5 变化的原因。

教师再向学生推送下面两道题目：

(1)一个夏天的中午，光照很强，但是绿色植物的光合作用强度有所降低，此时，绿色植物细胞中的 C_3、C_5 和 ATP 的含量分别如何变化？

(2)某植物非常正常，突然改变了某一条件，发现细胞里面 C_5 的含量忽然上升了，讨论其改变的条件可能是什么。

三、二次备课设计

教师进行光合午休现象的介绍，留给学生悬念：光合午休是什么环境因素导致的？光合午休对光合作用的作用原理是什么？本部分的设计意图是将知识与生活融会贯通，让学生回到学习的本质，从生活中来，到生活中去。

教师先引导学生思考，恩格尔曼的实验有何巧妙之处？由于部分学生对恩格尔曼实验的精髓没有看透、吃透，在此需要引领学生从实验的基本原则、变量的一般设计入手进行分析，训练学生的学科思维和科学探究能力。教师带领学生重新分析恩格尔曼的实验，总结其设计的优点，提高学生分析实验、设计实验的能力，并以小组为单位讨论该实验的目的、自变量、因变量、无关变量、一开始水绵放在什么环境中、该实验有无对照，总结恩格尔曼是如何进行对照的，如何控制无关变量，最终得出结论：该实验在设计上的巧妙之处是什么。

完成上述内容后，教师再让学生完成提纲中的题目，了解光合作用的物质变化和能量变化。本部分的设计意图是：学生在自学过程中，不能全面考虑光反应和暗反应所发生的变化，总是有遗漏，利用本环节的学习，可帮助学生构建整个光合作用的框架，树立物质和能量观。

教师尝试用简短的文字、箭头或者方程式，帮助学生梳理光合作用的过程，总结其中的物质和能量变化是如何进行的，并让学生以小组为单位，通过观看视频、再次阅读课本，讨论以下问题：

(1)光反应阶段发生了哪些化学反应？

(2)暗反应阶段发生了哪些化学反应？

(3)光能在光反应中去向了哪里？暗反应中能量又发生了什么变化？

(4)根据自己写的反应过程思考，氧气中的氧元素是如何提供的？二氧化碳中的碳元素转移到什么物质中去了？

教师引导学生思考，当环境条件发生改变时，细胞内 ATP、C_3、C_5 等物质的变化规律。本部分内容的设计意图是，当学生明白了光合作用的原理之后，就要用它来解决问题、分析问题，特别是对自然现象的解释。这是学生应该必备的知识和能力。学生应构建 C_3 和 C_5 的转化关系，分析当光照或者 CO_2 浓度发生变化时对反应的影响，从而学会分析变量的方法。同时还要展开小组探讨，中心议题是 C_3、C_5 如何发生变化，讨论要点包括：

(1)用箭头与文字表示出 C_3 与 C_5 相互转化的反应式。

(2)突然停止光照，首先影响哪种物质的变化？如何影响另外三种物质的变化？

(3)突然中断了 CO_2 供应，首先影响哪种物质的变化？如何影响另外三种物质的变化？

(4)应该如何总结回答 C_3、C_5 变化的原因？

最后，教师让学生进行总结，画出光合作用的过程图解，总结判断 C_3、C_5 变化的方法。

四、课堂小组合作学习设计

课堂小组合作学习设计的中心议题是 C_3、C_5 如何发生变化，讨论要点包括：

(1)用箭头与文字表示出 C_3 与 C_5 相互转化的反应式。

(2)突然停止光照，首先影响哪种物质的变化？如何影响另外三种物质的变化？

(3)突然中断了 CO_2 供应，首先影响哪种物质的变化？如何影响另外三种物质的变化？

(4)应该如何总结回答 C_3、C_5 变化的原因？

另外，可以让学生以小组为单位，通过观看视频、再次阅读课本，讨论以下问题：

(1)光反应阶段发生了哪些化学反应？

(2)暗反应阶段发生了哪些化学反应？

(3)光能在光反应中去向了哪里？暗反应中能量又发生了什么变化？

(4)根据自己写的反应过程思考，氧气中的氧元素是由谁提供的？二氧化碳中的碳元素转移到什么物质中去了？

课堂小组合作学习设计的操作流程是：

(1)教师提供视频、资料等给学生。

(2)提出讨论的中心议题。

(3)提出讨论的要点，明确讨论的出发点。

(4)总结讨论结果。

课堂小组合作学习设计的优势是调动了学生的学习积极性，激发了他们探究的欲望，充分利用了班级里的优秀资源，让学生相互学习、相互督促。另外，中心议题让学生明白要解决的问题是什么，而讨论要点的提出可帮助学生梳理思考问题的思路，也让学生明确了讨论的方向，避免了盲目性，也避免了无效讨论。在呈现效果方面，由中心发言人带头发言，其他学员争取机会展示，让学生学会合作，学会讨论分析，提高学习能力。

五、课后拓展训练设计

教师让学生在课下查阅资料，回答下面的问题：

(1)光合作用和呼吸作用有什么联系和区别？

(2)光合作用的光反应中，具体是怎么把光能转换成化学能的？

以上问题可以通过列表、概念图等合适的方式来完成，完成之后在平板电脑的作业区中上传。

六、自我反思

对本节课的优点反思如下：学生在初中阶段就已经接触过光合作用，而且这是植物界比较普遍的生命现象，所以本节课的情景教学还是比较成功的，从生活出发，提出学生感兴趣的问题，找到学生已学知识和未学知识之间的联系，引起了学生的共鸣。并且学生也非常喜欢去思考生活中与光合作用有关的问题，达到了“学以致用”的目的。

对本节课的不足之处反思如下：探究性在课堂上体现得不明显。虽然提出了一些探究性的问题，但是练习题总感觉过于平淡，不符合高考评价体系的要求。应该用与该节课重点和难点联系较大的题目，既能检测学生的学习情况，又能锻炼学生的能力。

七、专家点评

光合作用的原理是《高中生物·必修一》的重点和难点，也是高考考查的重点和难点。难点在于，它一般和呼吸作用一起出现，对两者的原理、影响条件等进行分析考查。所以学生在学习的过程中不光要把原理吃透、练熟，最重要的是学会通过分析实验现象，综合影响条件，找到与所学知识(即原理)的联系。而本节的知识又是较为枯燥乏味的，因此对教师的授课提出了重大的挑战。

该教师对本节课的教学设计很好地解决了以上问题。在整体设计上，一是通过预习、视频推送，让学生自主学习，做到了“先学后教”“以学定教”；二是通过二次备课，进行重点和难点突破。在课堂环节中，一是很好地利用了科学史。通过引导问题，让学生探究结论得出的过程，一方面对科学家产生了敬畏，另一方面学会了科学研究的方法，并能对知识深刻理解。二是通过情景教学，在激发学生学习兴趣的同时，锻炼了学生观察现象、提出问题的能力，培养了学生的探究性思维。三是通过小组合作，让学生体验团队合作的作用，也让学生在讨论中对问题的理解进行了升华。四是整堂课的设计以学生为主体，重点解决学生的疑难问题，并以问题串、小组合作等方式，让学生自行解决，充分锻炼了学生的能力。

——都文广（中学高级教师，牟平一中生物教研组长）

（山东省牟平第一中学　李志宏）

第二节　敬畏科学，珍爱生命

——以“细胞的分化”为例

教育最大的成功，是实现人的主动发展。生物学科与生产实践联系紧密，但理论知识往往较为抽象而不易理解。为了促进学生独立、能动地学习，本节课以“白血病儿童的不幸经历”这一真实情境设疑布局，引领学生一步步进入情境展开学习。在整个学习过程中，学生是“局中人”，教师是“局外人”，除了适时进行引领启发，提供大量现代生物科学技术的应用及成果资料、“造血干细胞的捐献和脐血捐献”的微课等学习资源，充分调动了学生的学习积极性，同时向学生传达出珍爱生命、关爱他人的理念，增强学生积极投身中国科研事业的社会责任感和使命感。

本节课为普通高中教科书《生物・必修一・分子与细胞》第六章第二节“细胞的分化”，是在学生已经掌握细胞的结构和功能及细胞增殖的前提下进行的学习。本节课内容由细胞分化及其意义、细胞的全能性两部分组成。本节课的学习会让学生了解并理解生命的神奇，进而更加珍爱生命。

从核心素养的侧重点来看，学习本节课可以帮助学生正确理解生命系统的发展变化规律，认识到细胞分化形成的不同组织细胞之间的分工合作对个体的积极意义，从而进一步认识个人与集体、社会的关系，认同合作和奉献的意义。本节课重视与实际生产和生活的联系，其中，全能性是细胞的特性之一，也是组织培养等多种生物技术的基础。植物组织培养技术和动物体细胞核移植（克隆）技术是生物学热点问题，其不仅能够提高学生的学习热情，而且能激发学生对前沿知识和技术的探索兴趣。尤其是我国科学家于2017年成功获得了克隆猴的国际领先成果，可以增强学生的民族自豪感，培养学生的爱国情怀。教材对干细胞的介绍可以帮助学生理解科学研究对于增进人类健康的重要意义。

本节课的授课对象为高一学生，他们在初中阶段已经初步学习了细胞分裂和分化的知识，对植物组织培养技术和克隆羊"多莉"的培育过程有了一定了解，这为本节课的学习打下了一定的基础，但由于时间过去较久，因此学生多有遗忘。在必修一阶段，学生虽然已经学习了细胞的增殖过程及其意义，但还没有学习基因和基因的表达过程，因此"细胞分化的原因"是本节课的学习难点。另外，"细胞全能性"的概念学生接受起来也稍有困难，是本节课的学习重点。

一、课前一次自主预习导学案设计

学生在学完本课后，应当能够明确在个体发育过程中，细胞的形态、结构、功能等朝着特定方向发生分化，形成了复杂的多细胞生物体。生物学科的基本理念是"核心素养为宗旨，内容聚焦大概念，教学过程重实践，学业评价促发展"，紧紧围绕高考评价体系的素质教育目标设定，即"核心价值，学科素养，关键能力，必备知识"。其中，核心价值是通过联系生活中的白血病患儿的真实经历，引发情感上的共鸣，落实生物教学中"立德树人"的根本任务；学科素养是能从结构和功能的角度，理解细胞发生分化现象的根本原因；关键能力是通过分析学科资料和模型资料，提高学生科学思维的关键能力；必备知识是能准确说出细胞分化的特点、实质、结果、意义，能解释细胞的全能性大小和分化程度的关联。

课前，教师利用平板电脑推送视频《中华骨髓库宣传片》(节选)，向学生提出问题：白血病的病因是什么？现阶段哪一种方法和技术治疗白血病最有效？本部分的设计意图是通过视频中出现的白血病患儿身体和精神上的不幸遭遇，激发学生情感上的共鸣，对造血干细胞的分化过程和应用产生学习兴趣。

本节课的学习目标是：

(1)通过阅读教材，准确说出细胞分化的概念，初步理解细胞分化的意义和原因。

(2)通过分析教材"思考·讨论"中胡萝卜组织培养和非洲爪蟾的核移植实验，得出实验结论，并根据实验过程理解细胞全能性的概念。

(3)通过阅读教材和搜集材料,说出干细胞的特点,了解干细胞的应用。

(一)议题一:细胞的分化

教师要求学生认真阅读课本的相关内容,提取、圈画关键信息,思考以下问题:

(1)在人体中,不同组织的细胞在形态、结构和功能上有哪些差异?对不同植物来说,它们的细胞在形态、结构和功能上有哪些差异?分别举例说明。

(2)结合动植物细胞中的分化现象,总结细胞分化的概念。

(3)对多细胞生物来说,细胞分化的重要性在哪里?

(4)查阅资料,了解细胞分化的特点以及什么原因导致了细胞的分化。

完成上述内容后,教师再要求学生梳理细胞分化的相关知识(概念、意义、特点、原因),画出概念图并拍照上传。本部分的设计意图是通过让学生阅读并挖掘教材,从对应的图片及资料中获取细胞分化的关键信息,让学生通过分析和归纳,初步掌握细胞分化的概念、原因、特点和意义。梳理完成后,教师向学生推送下面的自我验收习题:

1.一株天竺葵,组成它的不同器官和组织的细胞在形态、结构和功能上都不一样,原因是(　　)

A.细胞生长　　B.细胞分裂　　C.细胞分化　　D.细胞伸长

2.下列关于细胞分化的说法中,你认为不正确的表述是(　　)

A.细胞分化这种变化是持久进行的

B.可以使细胞的数量增加

C.生物界普遍有这种现象

D.结果能使组成多细胞生物体的细胞们趋向专门化

3.人体中能产生胰岛素的是胰岛B细胞,但是该细胞却不能产生血红蛋白,推测其原因是(　　)

A.B细胞只有胰岛素基因

B.B细胞比人受精卵的基因要少

C.B细胞既有胰岛素基因,也有其他基因如血红蛋白基因

D.B细胞既有胰岛素基因,也有其他基因,但没有血红蛋白基因

4.骨髓移植能治疗白血病,你认为以下说法中正确的是(　　)

A.造血干细胞能够分化成白细胞,该过程可逆

B.造血干细胞和白细胞的遗传物质一样

C.白细胞和红细胞的遗传物质表达情况一样

D.造血干细胞分化的过程就是细胞全能性的体现

本部分的设计意图是通过平板电脑推送四道细胞分化的检测习题,即时反馈学生的预习质量及不能解决的问题,以便在二次备课时做到重点突破和拓展延伸。

(二)议题二:细胞的全能性和干细胞

教师要求学生认真阅读课本上"思考·讨论"中的资料,回答以下问题:

(1)在胡萝卜中,韧皮部细胞是否属于已经分化的细胞?胡萝卜的组织培养需要哪些条件?从资料中我们可以推断出什么?

(2)非洲爪蟾的新个体是由离体的肠上皮细胞直接培养获得的吗?用到了什么技术?你还知道哪种动物是通过该技术获得的?

(3)什么是细胞的全能性?

(4)对于已经分化的动植物细胞,其细胞核为什么仍然具有全能性?

完成上述内容后,教师再要求学生通过实例,阐述"细胞全能性"的概念,分析其产生原因及应用前景,画出概念图并拍照上传。本部分的设计意图是通过阅读教材资料,让学生熟悉植物组织培养和动物细胞核移植等技术的操作流程,对植物细胞和动物细胞核的全能性有初步的理解,并能够举出相应的实例,分析细胞全能性的原因。

然后,教师再要求学生阅读课本上的"科学·技术·社会"部分内容,查阅资料,制作微课"造血干细胞的特点及应用"。本部分的设计意图是让学生了解干细胞在生物医学等方面的应用前景,关注科学前沿知识,激发学生对科研的兴趣和投身祖国科研的热情。制作完成后,教师向学生推送下面的自我验收习题:

1.完整的个体是由受精卵发育形成的,受精卵的这种潜能称为(　　)

A.单能性　　B.多能性　　C.全能性　　D.发育性

2.下列哪个细胞不能说明细胞具有全能性(　　)

A.雄蜂是由蜜蜂的卵细胞发育形成的

B.一个胡萝卜韧皮部细胞可以发育成一株完整的胡萝卜

C.由植物的种子得到完整植株

D.由动物的胚胎干细胞得到克隆动物

3.以你对细胞全能性的理解,以下说法中不正确的是(　　)

A.植物细胞具有全能性是由美国科学家斯图尔德证明的

B.细胞在任何条件下都能表达它的全能性

C.有的完整个体是由已经分化的细胞形成的,这些细胞具有的这种潜能就是全能性

D.植物组织培养技术的原理就是植物细胞的全能性

4.下列关于细胞的全能性的说法中，正确的是(　　)

A.细胞分化程度越高，全能性也越高

B.细胞分化程度越低，全能性也越低

C.细胞分化程度越低，全能性越高

D.二者没有关系

5.以你对干细胞的了解，下列说法中不正确的是(　　)

A.神经细胞由神经干细胞分化形成，所以说神经干细胞具有全能性

B.全能干细胞、多能干细胞、专能干细胞都属于干细胞，这是根据发育潜能的大小划分的

C.各种干细胞都有细胞周期

D.造血干细胞分化的过程不可逆

本部分的设计意图是通过平板电脑推送五道细胞全能性和干细胞的对点习题，即时反馈学生的预习质量及不能解决的问题，以便在二次备课时进行重点突破和拓展延伸。

完成题目后，教师请学生构建本节课的思维导图并拍照上传。本部分的设计意图是让学生学会如何梳理知识点之间的联系，掌握本节课的知识框架；同时让学生在平板电脑上的讨论区提出自己的疑问，并相互解答。通过讨论，让学生初步解决自己理解困难的知识，同时将自学和讨论后不能解决的问题反馈给教师。教师负责收集问题，同时参与交流。对提出有价值问题、答疑解惑踊跃的同学予以表扬，并在合作学习评价中给予加分。通过鼓励性措施激发学生提出问题、解决问题的兴趣和意识。

二、二次课堂学习导学案设计

通过小组合作探究，让学生能够用“结构决定功能”的观点，阐述细胞分化的本质，修订并完善细胞分化的模式图。教师在此过程中发现，学生能够说出细胞分化的原因，但对“基因的选择性表达”仍不理解或不能很好地理解，少数学生不能联系细胞增殖的知识进行辩证思维。为此，可让学生阅读下列资料，思考并完成后面的题目。

我们把遗传物质DNA分子上具有遗传效应的一些片段称为“基因”。目前科学家通过基因测序工作，已经破译了人体细胞染色体上的基因约2.5万个。基因能够指导特定蛋白质的合成，这个过程叫作基因的表达。不同基

因指导合成的蛋白质也是各不相同的，如图 8-2 所示。

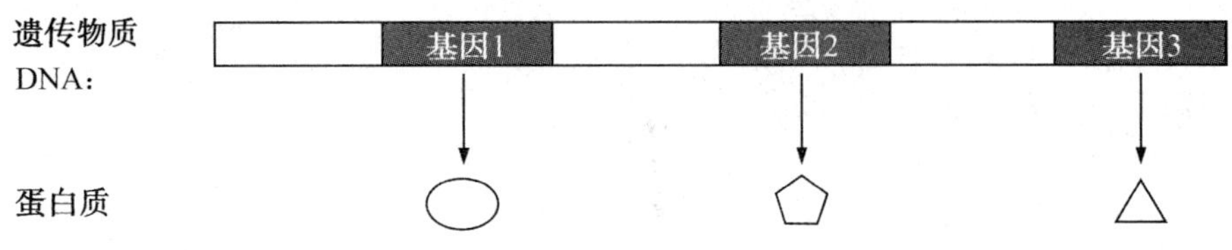

图 8-2　基因的表达

(一)中心议题一：细胞分化的原因

讨论要点：

(1)细胞中，谁是生命活动的主要承担者？不同的细胞功能各不相同，直接原因可能是什么？试举例。

(2)何为基因的表达？组成同一个个体的细胞，它们含有的基因一样吗？为什么？

(3)请在下面的表 8-2 中填写“有”或“无”：

表 8-2　细胞中的基因和蛋白质

细胞名称	细胞中的基因		细胞中的蛋白质	
	肌动蛋白基因	血红蛋白基因	肌动蛋白	血红蛋白
肌细胞				
红细胞				

总结：细胞分化的根本原因是______________________________。

完成上面的内容后，教师再利用平板电脑向学生推送以下题目：

基于你对管家基因和奢侈基因的理解，下列中是“奢侈基因”表达的产物的是(　　)

A.ATP 合成酶　　B.胰岛素　　C.血红蛋白　　D.抗体

教师让学生通过分析造血干细胞分化的实例，总结细胞分化的特点。在前面的教学过程中发现，自我验收第二题的出错率较高，部分学生对细胞分化的特点不能准确地理解，反映出了学生阅读理解和分析总结能力的欠缺。对此，教师可通过平板电脑推送以下资料：

生物界普遍存在细胞分化的现象，例如红细胞分化形成的大致过程包括：造血干细胞→原红细胞→早幼红细胞→中幼红细胞→晚幼红细胞→成熟的红细胞。这个过程是不可逆的，而且成熟的红细胞形成后，不会再变成其他细胞。在人的整个生命历程中，造血干细胞分化的过程一直进行，从而满足机体的生理需求。

教师让学生分析上述资料，说出细胞分化具有哪些特点。

总结：细胞分化的特点包括________________________________。本部分的设计意图是通过对现有的资料进行分析，让学生提取信息，归纳总结。

完成上面的内容后，教师再利用平板电脑向学生推送下面的错题再练：

关于细胞分化，你认为不正确的表述是（　　）

A.细胞分化这种变化是持久进行的

B.可以使细胞的数量增加

C.生物界普遍有这种现象

D.结果能使组成多细胞生物体的细胞趋向专门化

完成上述内容后，再通过分析资料中分化小球的模型，让学生对“细胞具有全能性”的概念以及其与细胞分化程度的关系有初步的了解。在前面的教学过程中发现，自我验收第四题的出错率较高，部分学生不能准确判断细胞分化程度与细胞全能性之间的关系。为此，教师利用平板电脑推送以下内容：

有科学家构建了这样一个物理模型，他把细胞分化比喻成很多小球从高处沿着山坡滚落，最终到达稳定的盆地，盆地就代表一定的分化状态。不同的小球（干细胞）滚落的路径不同，进入的盆地（分化形成的细胞）也不同。结合图 8-3，分析该模型，你认为细胞分化的程度和全能性二者之间有着什么样的关系呢？

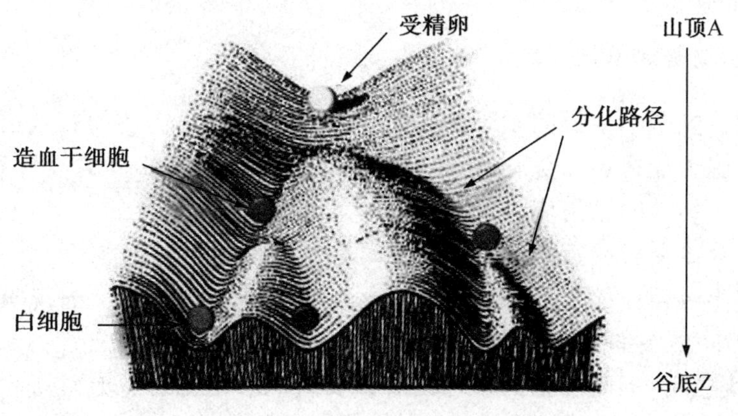

图 8-3　“分化小球”模型

(二)中心议题二:细胞全能性的大小与细胞分化程度之间有何种关联

讨论要点:

(1)上述模型中,从山顶到谷底的小球所代表的细胞,它们的分化程度如何?

(2)如果让位于谷底的小球(已分化的细胞)像位于山顶的受精卵一样重新表达出全能性,哪些小球更困难?

归纳总结:细胞的分化程度与其全能性之间的联系为______________。本部分的设计意图是通过拓展资料进行补充,进而将抽象难懂的知识具象化,通过分析科学家的“分化小球”模型,更直观、具体地呈现细胞分化程度与细胞全能性大小的关系,加深学生对其的理解和掌握。

完成上面的内容后,教师再利用平板电脑向学生推送下面的错题再练:

1.关于细胞全能性的下列说法中,正确的是(　　)

A.细胞分化程度越高,全能性也越高

B.细胞分化程度越低,全能性也越低

C.细胞分化程度越低,全能性越高

D.二者没有关系

2.以下几种植物细胞在提供适宜环境时,最容易表现出全能性的是(　　)

A.芽　　B.花粉

C.胚珠中的珠被细胞　　D.根尖一个分生区细胞

3.你认为下列细胞中,分化能力最高的是(　　)

A.组织细胞　　B.生殖细胞

C.受精卵　　D.干细胞

三、二次备课设计

教师首先向学生提问:“骨髓移植为什么是治疗白血病的有效措施之一?造血干细胞为什么可以分化成不同类型的血细胞?”本部分的设计意图是通过有关白血病的问题情境,激发学生的学习欲望。

(一)细胞分化的原因

通过小组合作探究,教师让学生能够用“结构决定功能”的观点,阐述细胞分化的本质,并进行如下的成果展示:

(1)蛋白质:不同细胞的蛋白质有差异,例如,由于含有血红蛋白,因此人体成熟的红细胞可以运输氧气;肌细胞含有肌动蛋白,因此可以收缩运动(见

表8-3)。

(2)基因指导蛋白质合成的过程称为“基因的表达”。

表 8-3　血红的那白与肌动蛋白的比较

细胞名称	细胞中的基因		细胞中的蛋白质	
	肌动蛋白基因	血红蛋白基因	肌动蛋白	血红蛋白
肌细胞	有	有	有	无
红细胞	有	有	无	有

本部分的设计意图是分解问题,降低难度,通过提供资料并设置合理的问题梯度,引领学生一步一步深入思考。

然后,教师进一步追问:基因与蛋白质是如何联系在一起的?为什么肌细胞和红细胞所含基因相同,蛋白质却不同?本部分的设计意图是制造认知冲突,启发思考。教师接下来安排小组比拼活动:让学生用手中的磁力片在白板上展示红细胞和肌细胞中不同基因的表达和关闭情况,总结一下细胞发生分化的原因。成果展示如下:

(1)肌细胞:肌动蛋白基因和 ATP 合成酶基因表达,血红蛋白基因关闭。

(2)红细胞:血红蛋白基因和 ATP 合成酶基因表达,肌动蛋白基因关闭。

教师追问:“在不同的细胞中,基因的表达遵循什么规律?”并引导学生进行拓展总结。本部分的设计意图是让学生真正体会理解基因的表达过程,通过讨论、设疑、再讨论的过程,让小组内同学的思维发生碰撞,达成学习目标。最终得出结论:细胞分化的原因是相关基因在不同类型的细胞中有选择地进行表达。

(二)细胞分化的特点

教师让学生通过分析造血干细胞分化的实例,总结细胞分化的特点。学生自主探究成果展示如下:细胞分化的特点为普遍性、稳定性、不可逆性、持久性。本部分的设计意图是通过让学生对真实的情境资料进行学习和分析,锻炼学生阅读资料、理解内容、提取信息的能力。

教师进一步追问:细胞全能性的大小与细胞分化程度之间有何种关联呢?通过让学生分析资料中“分化小球”的模型,从而对“细胞具有全能性”的概念以及其与细胞分化程度的关系有初步的了解。通过合作探究,让学生分析资料中的细胞分化模型,总结细胞分化程度与细胞全能性大小的关系,成果展示如下:

(1)上述模型中,位于山顶的小球所代表的细胞的分化程度最低。

(2)位于谷底的小球代表分化程度最高的细胞。

本部分的设计意图是通过分析科学家的“分化小球”模型,将抽象的知识具象化,锻炼学生的科学思维,最终总结得到结论:分化程度高的细胞,一般情况下其全能性较小。

完成上述内容后,教师进行课堂小结,利用平板电脑推送视频《造血干细胞捐献与脐血捐献》,让学生重新完善本节课的思维导图,并让学生思考,学了本节课之后可以为白血病患儿付诸什么实际行动。本部分的设计意图是回扣导入,启发思考,学以致用。通过《造血干细胞捐献与脐血捐献》的微课视频,让学生认识到生命的美好和珍贵,学会珍爱生命,关心他人;同时也尝试着激发学生服务社会,回报社会的社会责任感;以及提高学生探索生命奥秘的兴趣,培养学生投身祖国科研的使命感。

四、课堂小组合作学习设计

(一)合作探究一

中心议题:细胞分化的原因。

操作流程:教师让学生自主阅读资料,完成思考题,小组交流讨论统一答案,进行成果展示。然后开展小组互评,制造问题冲突;进行小组比拼,展示肌细胞与红细胞中三种基因的表达情况,寻找基因表达的规律,总结介绍“管家基因”与“奢侈基因”。

学习工具:当堂学案、白板、磁力片。

展示方法:各小组代表上台展示,小组互评。

优点:效果直观,充分发挥了小组合作学习的优势。

(二)合作探究二

中心议题:细胞分化的特点。

操作流程:教师利用平板电脑推送图文资料,让学生自主阅读资料,总结细胞分化的特点,学生展示,补充作答,归纳总结。

优点:锻炼学生阅读理解、提取信息和归纳总结的能力,同时对造血干细胞进一步产生探索的欲望。

(三)合作探究三

中心议题:细胞全能性的大小与细胞分化程度之间有何种关联。

操作流程:教师利用平板电脑推送模型、资料给学生,抛出问题串,引领、启发学生归纳作答。

优势:“分化小球”的模型形象易懂,可锻炼学生的空间想象能力和思维转化能力。

五、课后拓展训练设计

教师让学生课下查阅资料,从以下两个题目中自选一个写成简短的论文,利用平板电脑上传,并开展小组交流:

(1)你所不知道的干细胞的应用前景。

(2)细胞全能性的应用领域。

本部分的设计意图:通过课后延伸,引领学生关注科技前沿发展,梳理科研意识。

六、自我反思

本节课设计的主题是“敬畏科学,珍爱生命”,通过课前导学,发现学生自学后不能解决的问题主要是:①细胞分化的原因、特点;②细胞分化程度与全能性大小之间的关系。教学过程中,教师针对学生的问题设计了“合作探究”和“小组比拼”等活动,充分发挥了小组合作学习的优势,很好地突破了学习重点和难点。同时,课堂上引用的有关现代生物技术的相关资料,以及《造血干细胞捐献和脐血捐献》的微课,很好地渗透了本节课的主题,激发了学生的学习欲望和社会责任感。

对本节课的不足之处反思如下:

一是课前自主学习给出的学习指导不够具体,学生搜集资料、分析问题的能力仍有待提高,表现为学生对平板电脑讨论区提出的问题缺乏自主思考,对知识的理解停留在表面,不求甚解。

二是课堂内容略显单薄,可以拓展一些选修部分有关现代生物技术的知识;学生制作的微课也未得到有效的利用。

七、课例点评

“细胞的分化”一节内容看似简单,但在实际教学过程中会发现,学生学习起来并不容易。学生接受困难的主要原因是概念抽象,缺乏理解相关概念的背景知识。本节课充分发挥了平板电脑教学的优势,通过设计课前一次导学案,让学生先自主学习、搜集资料,教师再收集学生暴露出来的不能解决的问题进行二次备课，充分体现了“先学后教、以学定教”的学习中心理念。在对重点和难点知识的处理方面，教师的设计源于教材又不拘泥于教材，引用了大量科学前沿资料，通过设计“合作探究”和“小组比拼”等环节，将抽象的知识形象生动地进行处理，同时有效发挥了小组合作学习的优势，凸显了学生学习的能动性和主体地位。贯穿本节课的“白血病和造血干细胞”情境，于无声无息中向学生渗透了“珍爱生命、关爱他人”的生命观念，结尾的微课将学生的情绪带到了高潮，增强了学生的社会责任感和使命感。

——唐茂强（中学高级教师，牟平一中生物资深教研组长）

（山东省牟平第一中学　赵秀芹）

第九章　历史学科

第一节　山河无恙，只因英雄铁肩担当

——以“全民族浴血奋战与抗日战争的胜利”一课为例

自从笔者接触陈佑清老师的《学习中心教学论》这本书以来，对“以学定教”“先学后教”有了更深刻的认识，并开始反思自己在课堂教学中存在的问题和不足。笔者以前总以为，从学生的角度看，自己在课堂上将所有要强调的重点都讲一遍，学生虽记不住，但起码能“混个脸熟”，不求所有的学生都理解，但起码有些学生应该注意到了；从自己的角度看，教师将“十八般武艺”都向学生无私展示了，已经尽力了，剩下的就靠学生自己去领悟。在基于这种认识的课堂上，学生和教师都非常累，经常是事倍功半。自学校推行导学案以来，教师的工作量大了许多，因为使用平板电脑教学，除了要准备导学案外，还要根据学生的反馈进行二次备课。与之前相比，一个明显的变化是：教师是上课前忙，上课时教师基本是扮演操控全局、适当点拨的角色。学生在课堂上则忙得不亦乐乎，这既给予了学生深度思考的机会，也让学生获得了小组合作探究后恍然大悟的成功与兴奋，从而实现了“将课堂还给学生”，充分体现了“以学生为主体”的理念。

本节课使用的教材为普通高中教科书《历史·必修·中外历史纲要(上)》第八单元第24课“全民族浴血奋战与抗日战争的胜利”。从单元教学的地位来看，本课上承“从局部抗战到全面抗战”，下启“人民解放战争”。教材以“正面战场的抗战”“敌后战场的抗战”“东方主战场”和“抗日战争的胜利”这样四个子目展示了这场伟大的中国人民的抗日战争，清晰并且真实客观地把抗日战争的全貌体现了出来，生动地再现了中华民族誓死不屈反抗外来侵略的民族精神。

在中华民族面临亡国灭种的危急关头，中国共产党准确地预见了战争未来的发展态势，系统地提出了持久战战略，极力维护并建立了最广泛的抗日民族统一战线，成为全民族抗战的中流砥柱。从此，抗日战争开始走向胜利，并开启了中华民族伟大复兴的光明前景。

从历史学科要求的五大核心素养的角度来看，本课内容为培养学生的历史核心素养提供了丰富的素材：既要在时空方面了解正面战场、敌后战场、世界反法西斯战场的概况及其对战局产生的作用；又要从史料实证和历史解释的角度全面、多维地解读抗日战争，从而得出科学的认识，还原更为客观的历史。另外，本节课也是极好的爱国主义教育素材。

本课的授课对象是刚上高中的学生，他们在初中已经学习过抗日战争的相关知识，有一定的知识储备。但是，初中历史偏重于了解和识记一般性的基础知识，学生只需具备一定的学习技能即可。相反，高中课本则在初中知识的基础上增加了国际视野，学生要认识到中国战场是世界反法西斯战争的东方主战场，要理解抗战对中华民族复兴的历史意义，在学习的过程中要注重渗透历史学科的核心素养，这样就对学生的学习提出了更高的知识和能力要求。

一、课前一次自主预习导学案设计

依据课程标准及课本内容安排，本节课意在让学生通过了解中国战场的抗战，认识中国共产党的中流砥柱作用，以及中国战场在世界反法西斯战争胜利中所发挥的东方主战场作用，感悟中华民族英勇不屈的精神，理解十四年抗战对中华民族复兴的历史意义。

《中国高考评价体系》中指出，高考必须坚持“立德树人”，强化对学生理想信念、爱国主义、品德修养、知识见识、奋斗精神、综合素质等方面的考查要求，弘扬中华优秀传统文化、革命文化和社会主义先进文化，树立正确的历史观、民族观、国家观、文化观。本课内容主要是在民族危亡时刻，中国社会各阶层政治势力从民族和国家利益出发，浴血奋战的史实，是进行理想信念爱国主义教育，树立正确的历史观、民族观及国家观的极好素材，能够全面彰显历史的育人功能和鉴往知来功能。

课堂开始时，教师先提问：“同学们，你们知道抗战胜利纪念日设在哪天吗？”“国家为何非常重视这个节日？”“你们认为最终定在 9 月 3 日的理由是什么？”并用平板电脑推送《一个纪念日的前世今生》。本部分的设计意图是通过回顾抗战胜利纪念日的由来，调动学生的探究兴趣，并导入本课内容。

本节课的学习目标是让学生能够依据教材中的地图和文本，梳理在民族危亡时刻，中国人民尤其是国共两党从民族和国家利益出发，浴血奋战的史实，并给出准确、辩证的评价。通过微课和合作探究，学生应能够正确认识中国共产党的中流砥柱作用及中国抗日战争在世界反法西斯战争中的重要地位；此外，学生还要能够结合史实，多角度地解读抗日战争的内涵及精神，进而激发民族责任感和自豪感。

（一）议题一：国共联手靖寇仇

1.自主预习

教师让学生精读、研读教材相关内容，并根据内容圈划关键词。然后，教师利用平板电脑推送视频《台儿庄战役》，并让学生做一道选择题巩固，以检测学生的时空观念。最后，教师让学生结合课本，依据下面的表 9-1 的提示整合抗日史实，感受中国两个战场团结抗战的精神和地位。

表 9-1　对相关抗日史实的整合

时间	抗战阶段	正面战场	战绩评述	敌后战场	战绩评述
1937 年	防御阶段				
1938 年	相持阶段				
1944 年	局部反攻				

表 9-1 检查了学生对主干知识的整合及理解能力。对正面战场重大战役及其情况的整合，对敌后抗日根据地的概况及其对战局产生的作用的理解等，都需要学生有一定的时空观念及历史理解能力，追问的内容是对学生的“历史解释能力”这一学科素养的考查。

2.自我验收与总结归纳

教师利用平板电脑推送三道选择题，并让学生总结三个历史解释：什么是正面战场？什么是敌后战场？这两个战场的关系是什么？

3.学贵有疑

教师在平板电脑上设置本课讨论区，让学生将自己的疑问发在上面，教师、学生都可以在上面分享交流、答疑解惑。教师可通过激励性的措施激发学生提出问题、解决问题的兴趣和意识，对提出问题多、答疑解惑踊跃的学生可予以表扬，并在合作学习评价中给予一定的加分。

（二）议题二：中流砥柱书捷报

1.自主预习

教师让学生精读、研读课本中有关中国共产党的内容，并用时间轴线将大事梳理整合。同时，让学生结合课本内容，梳理中国共产党引领抗日战争走向胜利的努力，指出中国共产党的中流砥柱作用体现在哪些方面。

本部分的设计意图是通过梳理中国共产党为抗战所进行的努力，用全面、有力的史料来证明中国共产党在中华民族面临亡国灭种的危机面前，能够始终从整个民族的利益出发，代表正确的方向，起到中流砥柱的作用，从而既培养学生的史料实证能力，又帮助学生形成正确的世界观和价值观。

2.自我验收与总结归纳

教师利用平板电脑推送两道选择题，并让学生总结：在抗战相持阶段到来后，中国共产党为坚持抗战、维护团结进行了哪些努力？

3.学贵有疑

教师在平板电脑上设置本课讨论区，让学生将自己的疑问发在上面，教师、学生都可以在上面分享交流、答疑解惑。教师可通过激励性的措施激发学生提出问题、解决问题的兴趣和意识，对提出问题多、答疑解惑踊跃的学生可予以表扬，并在合作学习评价中给予一定的加分。

（三）议题三：多元视角看抗战

1.自主预习

教师让学生精读、研读教材剩下的内容，并根据内容圈划关键词。然后，教师利用平板电脑推送微课"中国战场是世界反法西斯战争的东方主战场"，并让学生思考：通过学习，自己认为抗日战争是一场什么样的战争？并从多个角度给出合理的解释。设置这一问题主要是想让学生从战争自身、战略方针、中国军民、国际战场、民族精神等角度来认识中华民族是在极为艰难困苦的条件下坚持全民族抗战，在付出了巨大的牺牲后，才赢得了民族的尊严与自信，洗雪了近代以来的屈辱历史，并驳斥近年来日本歪曲历史的错误做法，树立正确的历史观。

2.自我验收与总结归纳

教师利用平板电脑推送三道选择题，并让学生采用思维导图的形式对抗日战争进行多角度定位。

3.知识总结

教师让学生用时间轴或图表等形式对知识进行整合，并提交到平板电脑上。通过对整课知识的预习，让学生根据自己的理解将本节课的线索用时间轴或图表等形式整合在一起，这样既能培养学生获取信息的能力、归纳概括的能力、创新的能力及语言表达的能力，又能让学生形成自己的知识体系，实现对知识的融会贯通。

二、二次课堂学习导学案设计

教师让学生将自己笔答的内容通过平板电脑拍照上传并即时批阅。根据学生的预习情况反馈，教师挑选学生中有代表性的答案通过幻灯片呈现，纠正学生对正面战场和敌后战场战绩评述的错误表达，培养学生“论出史出”的学科素养以及辩证、全面地看问题的能力。学生较常见的问题是分不清正面战场和敌后战场，出现张冠李戴的情况；有的学生填写不完整；有的学生对战绩的评述只拘泥于课本上的表达，缺乏思维含量。通过让学生重新看课本及开展小组之间的交流，教师让学生上黑板对幻灯片展示的学生答案进行修改，并说出修改的理由，最后展示成果并总结。

教师通过补充、呈现中国共产党在抗战中的各种史实，让学生能够在掌握更多史料的基础上，多角度认识中国共产党的中流砥柱作用。学生较常见的问题是囿于课本上某些现成的表述，视野比较狭窄，只能从军事上得出中国共产党领导的敌后战场是中国抗战主战场的结论，而不能站在一定的高度，宏观地理解中国共产党的作用。在这部分的合作探究中，教师可利用平板电脑推送时间轴，让学生根据时间提示完成三个任务：①梳理抗日民族统一战线建立的过程，思考从中可以得出什么认识；②梳理中国共产党在抗战不同阶段军事上的努力史实，思考从中可以得出什么认识；③思考中国共产党对抗战的预期及路线方针是什么，对抗日有何作用。

教师通过展示多种史料，让学生从中得出对抗日战争的合理解读，培养学生的史料实证能力。在这一部分，通过学案反馈，教师发现大多数学生只是照抄课本，将抗日战争的性质写出来，而不会多角度解读抗日战争。可以通过合作探究的方式，让学生完成下面的表 9-2。

表 9-2　解读抗日战争(完成前)

<table>
<tr><th>史料</th><th>我的解读</th><th>合作探究后的结论</th></tr>
<tr><td>材料一:1937 年中日经济指标对比
<table>
<tr><th>项目</th><th>日本</th><th>中国</th></tr>
<tr><td>工业总产值</td><td>60.0 亿美元</td><td>13.60 亿美元</td></tr>
<tr><td>钢铁产量</td><td>580.0 万吨</td><td>4.00 万吨</td></tr>
<tr><td>石油产量</td><td>169.0 万吨</td><td>1.31 万吨</td></tr>
<tr><td>铜产量</td><td>8.7 万吨</td><td>0.07 万吨</td></tr>
<tr><td>军事工业</td><td>可以生产飞机、火炮、坦克、汽车等</td><td>几乎为零</td></tr>
</table></td><td></td><td></td></tr>
<tr><td>材料二:阅读课本上的“史料阅读”部分,思考毛泽东主席对战争的结论是什么?依据是什么?</td><td></td><td></td></tr>
<tr><td>材料三:下面漫画的寓意是什么?依据是什么?
</td><td></td><td></td></tr>
<tr><td>材料四:观看微课“中国战场是世界反法西斯的东方主战场”,并思考这样说的依据。</td><td></td><td></td></tr>
<tr><td>材料五:从下面的表格中你获取了哪些信息?
<table>
<tr><th>时间</th><th>事件</th><th>结果</th><th>备注</th></tr>
<tr><td>1840～1842 年</td><td>鸦片战争</td><td>失败</td><td>—</td></tr>
<tr><td>1894～1895 年</td><td>甲午中日战争</td><td>失败</td><td>—</td></tr>
<tr><td>1900～1901 年</td><td>八国联军侵华</td><td>失败</td><td>—</td></tr>
<tr><td>1914～1918 年</td><td>参加第一次世界大战</td><td>战胜国</td><td>巴黎和会外交失败</td></tr>
<tr><td>1931～1945 年</td><td>抗日战争</td><td>胜利</td><td>收回台湾</td></tr>
<tr><td>1945 年 10 月 24 日</td><td>联合国成立</td><td colspan="2">中国成为安理会的五个常任理事国之一</td></tr>
</table></td><td></td><td></td></tr>
</table>

续表

史料	我的解读	合作探究后的结论
材料六:抗日精神可以概括为“自强不息、民族团结、爱国主义、奉献拼搏、开拓创新”。		
材料七:结合课本的相关内容,用史实说明抗日战争与民族复兴的关系。民族复兴的六大标志分别是:民族觉醒;民族强盛;民族独立;祖国完全统一,领土完整;人民解放,成为主人;国际地位提高。		
小结:影响历史解释的因素是什么?如何做出合理的历史解释?		

完成上述内容后,教师通过平板电脑展示学生的错题情况。分析表明,错题较集中的都是关于两个战场有关战役的意义考查,这在前面的答疑解惑中已经处理了。还有主要考查抗日战争的全民族性的错题,因此在处理时可以采取“错题再现”的方式,让学生将自我纠正与合作解疑相结合,然后再进行错题再练,以检验效果的达成情况。错题再练举例如下:

下表所示是中华人民共和国成立以来为纪念抗日战争胜利所发行的邮票,其中纪念抗日战争胜利50周年发行的纪念邮票与之前的邮票相比,最主要的变化在于(　　)

纪念周年	枚数和内容
20周年	4枚,毛主席在撰写著作、八路军东渡黄河、人民战争的胜利、光荣参军
50周年	8枚,七七战火、台儿庄大捷、百团大战、敌后游击队、芒友会师、华侨捐献、台湾光复、伟大胜利

A.强调了中国共产党在抗战的中流砥柱地位

B.肯定了美、苏两国对中国抗战的援助

C.以中华民族的视角来看待整个战争

D.突出中国在世界反法西斯战争中的作用

完成错题再练后,教师再用平板电脑推送一道10分的材料解析题,让学生在规定的时间内完成并拍照上传,该题围绕的内容主要是体现中华民族的凝聚力以及抗战胜利对中华民族伟大复兴的作用。

三、二次备课设计

教师展现日本前首相坐在编号为“731”的飞机上的图片，并补充以下材料：日本把太平洋战争爆发以前的中国抗日战争称为所谓的“中国事变”或所谓的“日华事变”，理由是当时日本并未和中国相互正式宣战，因此并非是一场战争。

教师通过相应的调查活动和分享活动成果，让学生亲身感受到抗日战争其实离他们并不遥远；通过介绍抗战老兵或抗战故事，让学生铭记历史，传承红色基因，培养爱国情感。

通过再现学生在二次预习学案中暴露出的对中国共产党的中流砥柱作用认识的单一和不完整，表明学生基本还是围绕时间轴进行“搬砖式”的填空，不会对中国共产党的活动进行概括归类。对此，可采用生生合作、教师点评提示的方式，对时间轴的内容进行归类整合。通过补充、呈现中国共产党在抗战中的活动，让学生能够多角度认识中国共产党的中流砥柱作用。依据所填时间轴，让学生进行成果展示如下：

(1)在政治上，中国共产党积极倡导、促成、维护抗日民族统一战线，最大限度地动员全国军民共同抗战，成为中国人民抗战胜利的根本保证。

(2)在战略思想上，中国共产党提出了持久抗战的战略思想，创立和发展了毛泽东思想，制定、实施了一套完整的抗战策略和方针，对抗战胜利发挥了重要作用。

(3)在军事上，中国共产党推行全面抗战路线，深入敌后展开游击战，建立了抗日根据地，牵制和消灭了日军大量有生力量，既减轻了正面战场的压力，又为抗日战争的战略反攻准备了条件。

(4)在精神上，中国共产党人支撑起了全民族救亡图存的希望，以爱国主义、不怕流血牺牲的模范行动，成为夺取抗战胜利的中流砥柱。

学生通过合作交流，以时间轴的形式直观、清楚地梳理了中国共产党为抗战胜利所进行的各种努力，既让学生有了正确的时空观，又能让他们对史实进行分类整理，从而多角度、全面有力地论证了中国共产党在中华民族面临亡国灭种的危机面前起到了中流砥柱的作用。

二次课堂学习导学案设计的表 8-2 中给学生提供了各种材料，帮助学生从多个角度来解读抗日战争，学生的问题主要集中在对材料三、材料六和材料七的解读不够准确上。对此，教师可让学生通过小组合作，互相交流，然后将答案补充完整，在课堂上进行分享，教师再进行点拨和表扬，最终通过展示多种史料，让学生从中得出对抗日战争的合理解读，培养学生的史料实证能力。

本部分的设计意图是通过补充相关的史料及图表，给学生提供一个分析、解决问题的平台，然后依据历史学习任务单和小组合作量化表，让全体学生都参与进来，发挥每一位学生的聪明才智，同时引入竞争机制，让学生能够在参与中取长补短，不仅增强合作帮扶意识，而且在讨论中得到情感上的升华，提高对学科素养要求的历史解释，对家国情怀的理解及运用能力。补充完整的表格如表 9-3 所示。

表 9-3　解读抗日战争(完成后)

<table>
<tr><th>史料</th><th>参考结论</th></tr>
<tr><td>材料一：1937 年中日经济指标对比
<table>
<tr><th>项目</th><th>日本</th><th>中国</th></tr>
<tr><td>工业总产值</td><td>60.0 亿美元</td><td>13.60 亿美元</td></tr>
<tr><td>钢铁产量</td><td>580.0 万吨</td><td>4.00 万吨</td></tr>
<tr><td>石油产量</td><td>169.0 万吨</td><td>1.31 万吨</td></tr>
<tr><td>铜产量</td><td>8.7 万吨</td><td>0.07 万吨</td></tr>
<tr><td>军事工业</td><td>可以生产飞机、火炮、坦克、汽车等</td><td>几乎为零</td></tr>
</table></td><td>日本认为，这是一场三个月灭亡中国的战争。</td></tr>
<tr><td>材料二：阅读课本上的“史料阅读”部分，思考毛泽东主席对战争的结论是什么？依据是什么？</td><td>抗日战争是一场持久战，依据是中国、日本的国情及国际形势的发展。</td></tr>
<tr><td>材料三：下面漫画的寓意是什么？依据是什么？

</td><td>抗日战争是一次全民族抗战，依据是国共战场上将士们奋勇杀敌的史实；海外华侨的支援；工人、农民、地主、资本家、学生、知识分子、各政党派别、各民族团结等。</td></tr>
<tr><td>材料四：观看微课“中国战场是世界反法西斯的东方主战场”，并思考这样说的依据。</td><td>从时间、抗击日本的兵力、战略资源情报支持、倡导建立世界反法西斯联盟、参与世界反法西斯战争的谋划和指挥等角度进行分析。</td></tr>
</table>

续表

<table>
<tr><th>史料</th><th>参考结论</th></tr>
<tr><td>材料五：从下面的表格中你获取了哪些信息？
<table><tr><th>时间</th><th>事件</th><th>结果</th><th>备注</th></tr><tr><td>1840～1842年</td><td>鸦片战争</td><td>失败</td><td>—</td></tr><tr><td>1894～1895年</td><td>甲午中日战争</td><td>失败</td><td>—</td></tr><tr><td>1900～1901年</td><td>八国联军侵华</td><td>失败</td><td>—</td></tr><tr><td>1914～1918年</td><td>参加第一次世界大战</td><td>战胜国</td><td>巴黎和会外交失败</td></tr><tr><td>1931～1945年</td><td>抗日战争</td><td>胜利</td><td>收回台湾</td></tr><tr><td>1945年10月24日</td><td>联合国成立</td><td colspan="2">中国成为安理会的五个常任理事国之一</td></tr></table></td><td>抗日战争是近代以来中国抗击外敌入侵所取得的第一次完全胜利，重新确立了中国在世界上的大国地位。</td></tr>
<tr><td>材料六：抗日精神可以概括为"自强不息、民族团结、爱国主义、奉献拼搏、开拓创新"。</td><td>抗日战争是一次中华民族精神的升华。</td></tr>
<tr><td>材料七：结合课本的相关内容，用史实说明抗日战争与民族复兴的关系。民族复兴的六大标志分别是：民族觉醒；民族强盛；民族独立；祖国完全统一，领土完整；人民解放，成为主人；国际地位提高。</td><td>论从史出：
(1)民族觉醒：全民族抗战。
(2)民族强盛：121万党员，132万军队，19块根据地，1亿人口，100万平方千米的土地。
(3)民族独立：抗击外敌入侵的第一次完全胜利。
(4)祖国完全统一，领土完整：台湾回到祖国怀抱。
(5)人民解放，成为主人：解放了近1亿人口，收复了100万平方千米的失地。
(6)国际地位提高：重新确立世界大国地位。
结论：抗日战争开辟了中华民族伟大复兴的光明前景。</td></tr>
<tr><td colspan="2">小结：影响历史解释的因素有研究者的立场、角度、方法、情感和占有史料、判断标准的不同等。</td></tr>
</table>

教师对学生开展情境创设：如果你是国家新闻发言人，如何有理有据地驳斥本课开始时给出的材料中日本对抗日战争的定义？通过交流，让学生警惕日本右翼势力，形成正确的价值观和历史观，并利用平板电脑推送优秀的学生思维导图，让其他学生学习。

四、课堂小组合作学习设计

历史小组合作学习任务单如表 9-4 所示。

表 9-4　历史小组合作学习任务单

流程	师生活动	优势及效果
第一环节	问题导学(由教师布置设计学习任务)	主题都是学生第一次预习中出现的问题,主题鲜明且"对症下药"的题目有助于提高学习效率,也很好地体现了"以学定教"的理念
第二环节	自主完成	能够发挥学生的主导作用
第三环节	合作交流,取长补短	在激励机制下,小组成员会积极贡献自己的智慧,在合作解决中互相帮助,得出最优答案
第四环节	精品展示,形成共识	在各小组长的展示中,互相进行比较补充,最后全班得出最优结论
第五环节	教师点拨,内化素养	教师对各组的积极分子及小组讨论的答案进行点评,总结强调应该注意的地方,在知识方法素养上"画龙点睛",起到"拨云见雾"的功效

历史小组合作量化表如表 9-5 所示。

表 9-5　历史小组合作量化表

<table>
<tr><th>主题</th><th>姓名</th><th>个人贡献</th><th>小组贡献</th><th>小组部分</th><th>量化标准</th></tr>
<tr><td rowspan="8">合作探究</td><td>××</td><td></td><td rowspan="8"></td><td rowspan="8"></td><td>优秀:4 分</td></tr>
<tr><td>××</td><td></td><td>优秀:4 分</td></tr>
<tr><td>××</td><td></td><td>良好:3 分</td></tr>
<tr><td>××</td><td></td><td>良好:3 分</td></tr>
<tr><td>××</td><td></td><td>一般:2 分</td></tr>
<tr><td>××</td><td></td><td>一般:2 分</td></tr>
<tr><td>××</td><td rowspan="2"></td><td>参与:1 分</td></tr>
<tr><td>……</td><td>参与:1 分</td></tr>
</table>

五、课堂拓展训练设计

以小组合作的方式展开访谈,搜集牟平地区有关的抗战老兵、抗战事迹、抗战遗物等，制作成微视频或幻灯片，依据完成情况在小组合作评价中给予加分。本活动的设计意图是通过调查活动和分享活动成果，让学生亲身感受抗日战争其实离他们并不遥远，通过介绍抗战老兵或抗战故事，让学生铭记历史，传承红色基因，培养爱国情感。

六、自我反思

本课紧密围绕“抗日战争是一场什么样的战争”这一主线，始终结合学科核心素养展开教学，围绕课程标准中强调的重点进行了主题探究。一次备课和导学案主要是抓学情，二次备课和导学案主要是攻重点和难点，既完成了教学任务，同时也通过本节教学培养了学生的学科素养和思维能力。笔者认为，本课的亮点是史料教学，通过小组合作，植入量化的教学评价，调动每位学生的参与积极性和集体荣誉感，并增强了学生的史料实证意识和历史解释能力。

本课的不足之处在于课与课之间周期过长，学生对本课预习反馈的内容得不到及时的回应，效果有些打折扣。另外，本课中的史料运用太多，学生完成得有些忙乱，平板电脑反馈有些滞后，导致二次导学案和备课不能从容跟上，教师也有些手忙脚乱。

七、专家点评

本节课采用了自主探究法、小组互助式合作法、材料分析法、问题探究法等多种教学方法和手段，形式灵活多样。整堂课以学生的活动为主线，充分体现了学校倡导的“以学生学习为中心”的课堂模式，增强了课堂教学的有效性。课堂上采用史料教学的方式，将重心放在培养学生获取、解读史料的能力上。几个小议题探究重在提高学生自主学习、合作学习和探究学习的能力，学生之间、师生之间通过成果分享互相学习和交流，达到了教学相长的目的。整节课重点突出，对教材知识大胆取舍，教师教态自然大方，语言简洁明快。

——贺宝红（中学高级教师，牟平一中资深教研组长）

（山东省牟平第一中学　孔庆萍）

第二节　遇见大秦帝国

——以"秦统一多民族封建国家的建立"为例

"情境式教学"是"学习中心式"课堂的重要环节。本课在一次导学案设计中，教师通过精心整合教学资源并设计问题情境，引领学生自主学习、发现问题，体现了个体自学的成果；二次导学案设计针对问题重置情境，让学生开展合作探究，体现了小组互学、全班共学的特点。

本课是普通高中教科书《历史・必修・中外历史纲要(上)》第一单元的第3课"秦统一多民族封建国家的建立"，本课有三大子目：第一子目"秦的统一"，主题为秦统一的开创、巩固及意义；第二子目"秦朝的暴政"，主题为暴政表现与影响；第三子目"秦末农民起义与秦的速亡"，围绕秦末农民战争推翻秦朝统治与楚汉相争两个阶段展开。以上三个子目全面反映了秦朝统治的正反两面。

学生通过初中阶段的历史学习，对本课的基本史实有了初步的了解，具备了一定的历史知识和学习方法，具有一定的逻辑推理、归纳判断、概括总结等思维水平，但与高中历史学科核心素养的要求还有很大的差距。本课通过情境教学，启发引导学生自主学习，合作探究，打造"学习中心式"课堂。

一、课前一次自主预习导学案设计

根据2020年修订的《普通高中课程标准(2017年版)》，对本课的课标分析如下：

(1)了解层次：秦朝的统一业绩，秦朝的社会矛盾和农民起义。

(2)认识层次：统一多民族封建国家的建立，秦朝统一及巩固在中国历史上的意义，秦朝崩溃的原因。

依据《中国高考评价体系》的考查要求，整合本课内容的"一核""四层""四翼"如下：

(1)一核：立德树人。通过学习秦朝的统一，培养学生的奋斗精神和国家统一意识，厚植爱国主义情怀。

(2)四层：在核心价值观方面，通过学习秦朝的制度创新，培养学生的创新意识；在学科素养方面，夯实学生的时空观念，运用唯物史观，在史料探究中进行历史解释，树立家国观。

(3)四翼：在夯实基础知识的基础上达到融会贯通、综合应用，通过独立性和批判性思考，创新性地解决学习情境中的各种问题。

在问题导入上，教师可以先向学生展示下面两则材料：

材料一：当“弼马温”遇上嬴非子。在《西游记》中，孙悟空被玉皇大帝封为“弼马温”，专事养马。公元前897年，秦人先祖非子因为给周王室养马有功，被周孝王封为附庸，准许其在秦地建邑，号称“嬴秦”。

材料二：当“齐天大圣”遇上“始皇帝”。孙悟空得知“弼马温”职低位卑后，一怒之下返回花果山，自称“齐天大圣”，并战胜过天庭讨伐军，玉皇大帝最终承认其为“齐天大圣”。公元前221年，秦王嬴政扫灭六国，认为自己功过三皇、德高五帝，自创“皇帝”名号，称为“秦始皇”。

完成问题导入后，教师可开展情境问题引领，让学生思考从这两则材料中，可以提炼出怎样的人生励志主题。本部分的设计意图是以马为关联点，将文学作品中的神话故事与古代历史现实进行对比，实现引发兴趣、凝神激思的目的。两则材料的主题既彰显了个人奋斗，又凸显了个人奋斗与家族使命、国运兴衰相结合，意在提升学生将个人励志奋斗与中华民族伟大复兴相结合的历史责任感与使命感。

本课的学习目标如下：

(1)先由学生精读、研读课本上的相关内容，圈划关键词，获取有效信息，落实基础。在此基础上，自主绘制秦统一历程图，强化时空观念。

(2)学生通过阅读“问题情境”，获取有效信息并进行合理解读，能够全面、准确地分析秦统一的背景，感悟秦的统一是历代秦王不懈奋斗及嬴政个人的雄才大略与责任担当的结果。

(3)学生能够从秦统一的过程中感悟立志奋斗的情怀，增强大一统的国家观，能够从国家治理的角度总结秦朝灭亡的教训，体悟“以人为本”的国家治理理念，加强家国情怀教育。

(一)议题一：秦的统一

教师向学生推送下面几个问题情境，并完成后续内容。

问题情境一：当嬴政遇见家族宏愿

材料一：家族宏愿百年长，秦王嬴政一肩挑。

秦襄公，列诸侯。秦穆公，霸春秋。

秦孝公，傲群雄。惠文王，拥巴蜀。
宣太后，指东方。昭襄王，攻韩楚。
嬴政出，振长策。六王毕，天下一。

教师让学生阅读上面的材料，思考下面两个问题：

问题1：嬴政肩挑的家族宏愿是什么？试以秦孝公在位时的措施加以说明。

问题2：嬴政是如何发挥自己的雄才大略，完成家族宏愿的？

本部分的设计意图是训练学生获取信息与解读信息的能力，使学生认识到秦的统一是历代秦王励精图治的结果。秦王嬴政勇担家族责任，励精图治完成了统一，由此也树立起了学生的家国情怀。

问题情境二：当嬴政遇见时代潮流

教师先向学生推送下面的图9-1：

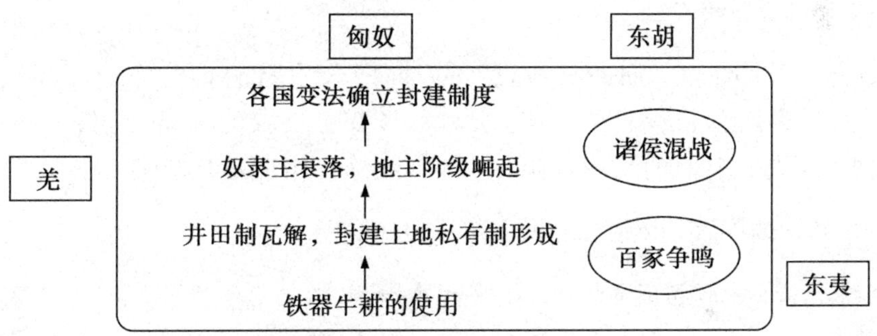

图9-1　生产力与社会阶级及制度的改变

教师让学生看图，思考下面两个问题：

问题1：依据图9-1，结合所学的知识，概括嬴政所处的时代潮流是什么。

问题2：嬴政是如何顺势而动，展雄才完成统一大业的？

本部分的设计意图是培养学生运用唯物史观解读示意图，以及在宏观上把握历史阶段特征的能力，意在增强学生将自我奋斗与时代发展相结合，为实现中华民族的伟大复兴而奋斗的家国情怀。

问题情境三：当传统遇见创新

1.国家元首制度：由天子到皇帝

材料一：先秦统治者的称号如表9-6所示。

表 9-6 先秦统治者的称号

时期	最高统治者称号
上古	三皇五帝
夏朝	后
商朝	帝
周朝	天子(王)

材料二:秦始皇自认为自己统一中国的功绩“德兼三皇,功盖五帝”,于是兼采二者称为“皇帝”。《史记·秦始皇本纪》中记载:“朕为始皇帝,后世以计数,二世三世至于万世,传之无穷。”皇帝“命为制,令为诏,自称曰‘朕’”,“天下之事无小大,皆决于上”。

教师让学生阅读上面的材料,思考下面两个问题:

问题 1:说出皇帝称号的由来,指出称号变更反映的本质问题。

问题 2:依据上面的材料及所学知识,概括皇帝制度的特点。

2.中央行政制度:由三公主政到三公九卿制

材料一:西周王朝时,太师、太傅和太保组成的“三公”府掌管中枢决策权,主掌治理国家的大权。“三公”与周王并立,劝谏周王的过失,防止周王过分集权形成个人专断(摘自杨宽:《“大搜礼”新探》)。

材料二:秦朝皇权至上,周时的“三公”被御史大夫、太尉与丞相取代。“三公”均由皇帝任免,其分工明确,相互牵制,成为皇帝治国的左右手。

教师让学生阅读上面的材料,并结合所学知识完成下面的表 9-7,比较西周与秦朝中枢机构的不同点。

表 9-7 西周与秦朝中枢机构的不同点

朝代	中枢机构	成员组成	各部门职能	与王(皇)权关系
西周				
秦朝				

3.地方行政制度:由分封制到郡县制

教师向学生推送下面的图 9-2:

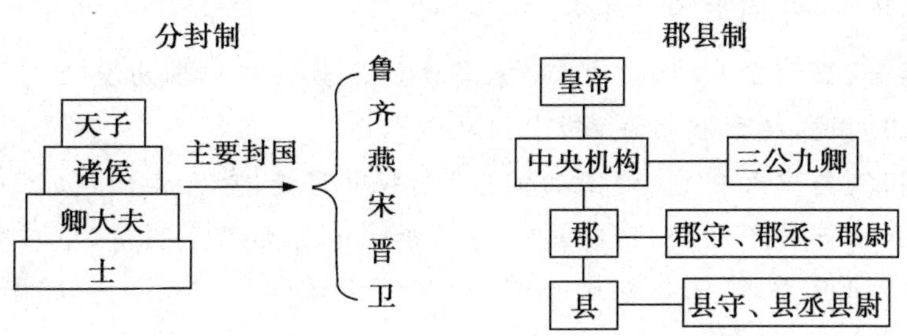

图 9-2　分封制与郡县制的体系简图

教师让学生依据上面的图 9-2,完成下面的表 9-8。

表 9-8　郡县制与分封制的差异比较

	分封制	郡县制
实行条件		
建立基础		
权力来源		
官吏权力		
政治体制		
与中央关系		
历史作用		

4.社会生活:由分散多元到趋统趋同

教师让学生依据所掌握的知识完成下面的表 9-9。

表 9-9　秦朝巩固统一的措施

领域	
货币	
重量、长度	
文化	
交通	
法律	
军事	

本部分的设计意图是采用表格设计比较项目,将周制与秦制的重点内容进行比较,使学生更容易在比较中理解秦朝的制度创新,认识到制度创新是社会发展的重要动力。

问题情境四：当中国遇见统一

材料一：钱穆在其《国史大纲》中高度评价秦朝在中国历史上开创的伟业为“奠中国之境，抟民族之成，创中国之制”。

材料二：易中天在其《帝国的惆怅》一书中写道，秦灭六国“彻底颠覆了旧制度，建立了一种新制度，实在是一场革命……自秦汉至明清，中国的情况虽多有变更，但只要有一个皇帝和不再分封诸侯这两点，却一心贯之，始终不变。”

教师让学生依据上面的材料，结合所学知识，指出秦统一的历史意义。本部分部分的设计意图是运用史家专著中的史料设计问题情境，突出秦统一及制度创新对后世中国的影响，由此开阔学生的视野，增加历史的厚度，凸显秦朝制度创新与秦统一的相互促进关系。

完成上述内容后，教师可在平板电脑上推送以下自我验收的题目，对学生进行测试：

1.有史学家认为：周朝已经出现的中国力量，由秦朝聚合、集中起来，提升到权力的巅峰。下列选项中符合此观点的是（　　）

A.官僚政治形成　　B.中央集权形成

C.君主专制加强　　D.创立三公九卿制

2.为易中天《帝国的终结》中“秦，虽死犹存，它死得悲壮”这一论点提供史实支撑的是（　　）

A.开创皇帝制度　　B.实现统一与开创新制

C.统一文字、货币　　D.奠定疆域规模

完成上述题目后，教师可让学生展开总结归纳，综合问题情境一至四，自主构建议题一的思维导图，拍照提交至班级群。教师可在平板电脑上设置相关的讨论区，由学生提交预习中的疑惑。教师可先组织学生展开分组合作探究，解决相应的问题，仍存疑惑的进行师生合作探究，对探究中表现优秀的学生进行量化奖励。

（二）议题二：秦的暴政与灭亡

教师继续向学生推送下面几个问题情境，并完成后续内容。

问题情境五：当“暴君”遇见“民变”

教师先让学生在下面的框图中填入恰当的子主题：

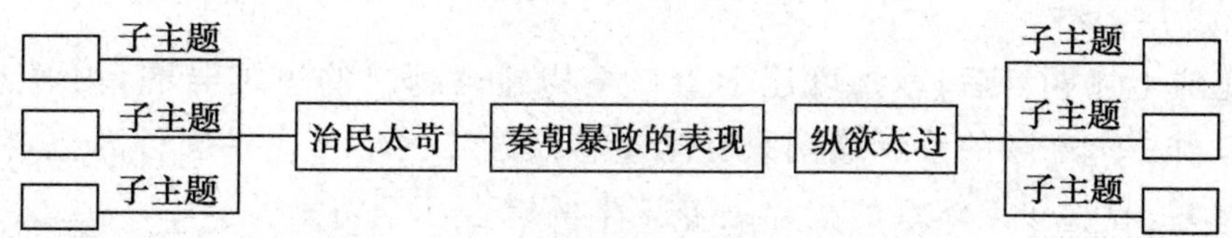

然后，教师让学生用时间轴的形式构建秦末农民起义大事记：

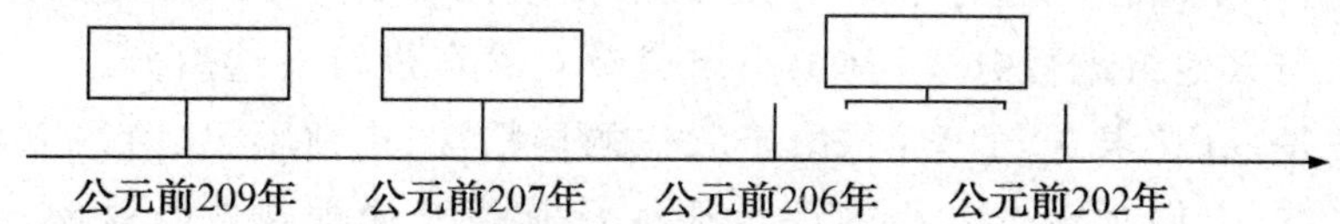

最后，教师向学生推送材料："从公元前770年至公元前221年，历时550年，秦国历代国君励精图治，终于完成了统一大业；从公元前221年至公元前206年，历时短短15年，秦朝灭亡。大秦帝国昙花一现，二世未竟，身灭社亡，悲乎！哀乎！"让学生从材料的"悲乎！哀乎！"中，总结出秦亡的教训。

本部分的设计意图是通过展示"暴君"引发的"民变"，阐明秦末农民起义及秦亡的原因；通过推送相关的材料，让学生总结秦亡的教训。前两个问题由学生自主填充与构建知识体系，强化时空观念；最后一个问题侧重提升学生学史的感悟，使学生理解历史发展的曲折性。

完成上述内容后，教师可在平板电脑上推送以下自我验收的题目，考查学生的主干知识：

1.秦"失之于政，不失于制"，柳宗元在《封建论》中对秦亡得出了这样的认识。据此，秦朝灭亡的原因是(　　)

A.废除周代旧制　　B.文化专制

C.统治残暴　　D.建立中央集权制

2.《史记》里有记载：夏桀、商纣残暴统治，引发汤武革命；西周末年统治者暴虐，孔子作《春秋》匡乱扶正；秦朝的暴政引发陈胜、吴广起义，最终推翻了秦朝的统治。对此材料的理解最准确的是(　　)

A.亡秦的主力是六国贵族

B.秦亡的直接原因是秦末农民起义

C.暴虐无道的统治者是秦与夏商周灭亡的共因

D.歌颂汉武帝的功绩是司马迁的记载主旨

1.总结归纳

完成上述题目后，教师可让学生自主构建议题二的思维导图，拍照上传至班级群。本部分的设计意图是让学生将议题二的学习成果进行内化，构建知识体系，通过知识体系的构建培养学生的综合性学习素养。

完成思维导图后，教师利用平板电脑设置议题二讨论区，并设计讨论问题，由学生独立回答后进行小组交流，最后由组长确定并形成最终答案，提交至讨论区与其他组进行分享，并由小组成员对答案进行评选。

历史是一门“求真”的学问，由于时代的局限性、史料不足、阶级立场及历史观的影响，人们对历史人物的评价往往具有很大的主观性。对此，在完成前面的思维导图后，教师可通过下面的史料解读，来培养学生的质疑探究精神。

千年迷案:当孟姜女遇见长城

在中国的民间传说里，长城被当作秦代暴政的符号而长达千年之久，孟姜女哭长城的故事便是秦始皇暴政的“铁证”之一。但是，史学研究者却发现了这个故事背后的秘密。原来，孟姜女的传说最早源自《左传》，其中有“杞梁妻哭夫”的记载，这件事发生在公元前549年，杞梁因跟随齐庄公伐莒战死，杞梁的妻子在哀痛之余，仍按礼处事，并无痛哭失态。《左传》的记载里只有杞梁与杞梁妻，既无孟姜女，也无哭夫。既然如此，那流传至今的孟姜女哭长城的传说又是怎样形成的呢？原来，春秋以后，杞梁妻的故事就不断演变，至西汉时已经添加进了“哭夫、崩城、投水”三大内容。发展到唐代，杞梁夫妻正式入籍秦朝，始皇帝也与长城有了联系，成为杞梁之死因的罪恶推手。明朝时，两位主角被改了名、换了姓，这才成了今天故事中的孟姜女和范喜良。

教师让学生阅读材料，并从史料实证的角度解读“孟姜女哭长城”的故事演变。

2.知识运用

教师让学生阅读下面的材料，从材料中任意提取出一个观点，并结合史实进行论述。要求写出自己的观点，观点要合理、明确，史论结合。

材料:嬴政灭六国后，把战国时期产生的中央集权制度加以系统化发展，并推行至全国。其核心有三:一是“皇帝制度”，皇权至高无上，可直接任免从中央到地方的主要官吏,皇帝的意志就是最高法律;二是"三公九卿制",他们协助皇帝处理全国的军政事务,三公九卿由皇帝任免,分工配合;三是郡县制度,郡县长官均由皇帝任免。这一中央集权的政治模式被后世沿用,长达两千多年。

——摘编自袁行霈、张传玺等:《中华文明史》

本部分的设计意图是围绕秦统一的历史意义设计开放性试题,全面考查学生历史学科的五大素养。完成后,教师让学生自主构建本课的思维导图,让学生根据自己的理解将议题一与议题二的思维导图按照逻辑关系整合在一起。

二、二次课堂学习导学案设计

学生通过平板电脑拍照上传一次学习成果,教师批阅后,汇总学生出现的典型性问题,总结学生提交的疑难反馈,做成幻灯片进行课堂展示,为小组互学、全班共学提供议题。学生的学习成果反映出的主要问题是,学生在填充"郡县制与分封制的差异比较"的表格时,对表格比较项中的概念表达不准,内容不清。

对此,教师可利用平板电脑,将全班分成六个小组,先让小组成员互相分享各自的成果,再针对不同之处进行讨论,形成最终答案,由组长拍照上传展示,并将仍存在的疑惑提交到班级讨论区,最终完成的表 9-10 如下所示。

表 9-10　分封制与郡县制的比较

	分封制	郡县制
实行条件	与宗法制相联系	在国家大一统的条件下实行
建立基础	血缘关系	按地域划分
权力产生	世袭产生	皇帝任免
官吏权力	拥有封地和爵位	只有俸禄,无封地
政治体制	贵族政治	官僚政治
与中央的关系	诸侯国有很强的地方独立性	郡县是地方行政机构,绝对服从中央
历史作用	容易发展为地方割据势力	加强中央集权,巩固国家统一

完成上述表格后,再进行下面的错题再练:

1.假如周天子和一般贵族还保持着比较密切的关系，那么秦汉时代的皇帝与一般贵族和地主之间就已经存在着一条前所未有的鸿沟。导致周秦之间这一变化的主要原因是（　　）

A.权力结构的变革　　B.封建经济的形成

C.思想专制的加强　　D.宗法观念的破坏

2.王家范在《中国历史通论》中写道："西周政治里显然有深厚的贵族色彩，而'共主'名义下的地方分权体制……与秦以后一统的君主'独制'格局泾渭分明。"此引文中"共主"名义下的地方分权体制指的是（　　）

A.君主制　　B.郡县制　　C.宗法制　　D.分封制

三、二次备课设计

教师还是先通过问题情境的方式进行问题导入：

问题情境六：当我遇见秦朝

教师引导学生思考：假如自己坐着时光机穿越回到秦朝，请从表9-11左侧的四组身份中任意选择一种身份，并说明自己亲身感受到的秦统一前后生活中的变化，完成表9-11。

表9-11　秦统一前后生活中的变化

角色	思考角度	生活变化
A　官员		
B　农民		
C　商人		
D　书生		

本部分的设计意图是针对学生在一次预习学案中的主要问题设计生活化情境，加深学生对秦统一意义的理解，提升学生的历史解释能力。

完成表格后，教师可让学生思考，表格如何全方位、多角度地反映了自己所选角色的生活变化。本部分的设计意图是通过多角度地设计社会角色，引导学生运用史实对角色变化进行表述，从社会史观的角度深化学生对秦统一意义的理解。然后，教师根据学生的预习反馈，展示学生的预习学案答案截图以及在平板电脑上提交的预习存疑，通过师生交流与生生交流，有针对性地解决学生在秦朝统一学习中的问题，让学生学会知识迁移，学会整合性地学习。

（一）课堂小组合作学习设计

历史小组合作学习任务单如表 9-12 所示。

表 9-12　历史小组合作学习任务单

流程	师生活动	优势及效果
第一环节	问题导学（由教师设计问题）	围绕学生在一次预习中出现的概念不清的问题，教师重新设计问题，对症下药
第二环节	个体自学	充分发挥学生的主体作用
第三环节	小组互学，合作探究	小组成员互助互学，仍有疑问的提交至班级群
第四环节	全班共学，激发思维	由各小组长展示本组成果，然后由全体学生比较讨论，形成最优答案
第五环节	教师点拨，内化素养	教师总结点评

历史小组合作学习交流板如表 9-13 所示。

表 9-13　历史小组合作学习交流板

中心议题：秦统一的意义
我的选择：
其他小组成员的选择：
我的收获：

（二）课后拓展训练设计

课后拓展训练练习也是通过问题情境的方式进行展开：

问题情境七：当养马岛遇见秦始皇

养马岛以其清新优美的自然风光令人向往，被誉为“东方夏威夷”。养马岛的历史文化更令人心醉：早在公元前 219 年，养马岛便“遇见”了始皇帝，获封“皇家养马岛”。大秦帝国再次与马牵手，延续着大秦帝国兴于马、强于马的传奇，养马岛也因此成为秦文化的主要旅游地。

教师请学生选取岛上的 2～3 个景点，以“养马岛与秦文化”为主题，向游客们介绍养马岛的秦文化，完成后拍照上传至平板电脑“我爱家乡群”。本部分的设计意图是以马收尾，实现了课程结构的首尾呼应，同时运用学生身边的历史，增加了历史的温度与亲近度。

四、自我反思

本节课的优点包括：

（1）教学理念体现了“先学后教，以学定教”，以学习为中心。

（2）导学案设计精心整合了多种教学资源，引领学生自主走进历史、感悟历史。

（3）二次备课设计在一次导学案的基础上活化问题情境，激发了学生参与小组互学、班级共学的兴趣。

本节课的不足是应该适当增加小组合作探究的时间，增加学生分享交流的机会。

五、专家点评

本课以“遇见大秦帝国”为主线，巧妙地构思了七个情境引导学生学习，教学环节以“学生自主学习→小组互学→班级共学”的流程展开，给学生的个性化展示提供了广阔的平台，彰显了历史课堂的温度与厚度，贴近了时代高度。

——孔庆萍（中学高级教师，牟平一中资深教研组长）

（山东省牟平第一中学　贺宝红）

第十章　地理学科

第一节　高处不胜寒，只因少了你

——以“大气的受热过程”为例

笔者从事教育工作已有数十年，一路走来，从以单纯教师讲授为主的课堂到“以学定教，先学后教”的问题探究式课堂，再到以学生为主的“翻转课堂”，充分凸显了学生的主体地位。同时，开放式、探究式、合作式的教学课堂也给教师带来了更大的挑战。在本节课中，教师通过让学生自学导学案反馈学情，从学生的疑惑点出发，进行二次备课，最终通过生生互动和师生互动，突破疑点，达成课堂目标。

本节课为普通高中教科书《地理・必修・第一册》第二单元中的第一节“大气圈与大气运动”的第1课时“大气的受热过程”。作为本部分的重要内容，本节主要讲授大气受热过程中的能量传递及其带来的影响。从内容上看，本节呼应了第一章“太阳对地球的影响”，也为大气运动进行了知识铺垫。通过解读课标可知，本节课要从大气的组成和结构入手，深入分析大气的受热过程，明确太阳辐射，地面辐射和大气辐射三者之间的关系，并能运用该原理解释生活中一些常见的现象。

对于高一学生而言，本节内容难度较大，课本内容较少，涉及的专业名词比较多，如地面反射、大气逆辐射等，且内容较为抽象，是学习的难点。因此在学习过程中，教师可以补充一些材料知识，将大气的受热过程细化为几个部分，分别通过图示、动画等呈现形式让抽象的知识形象化，更方便学生理解与掌握。

一、课前一次自主预习导学案设计

本节课的知识目标为理解大气的受热过程原理，能力目标是在理解原理的基础上能运用其解释一些自然现象。对大气受热过程的分析比较抽象，需要引导学生借助示意图来进行。

高考评价体系方面，“立德树人，服务选拔，导向教学”是新高考评价体系的核心。就本节课而言，在知识方面，需要学生掌握大气的受热过程；在能力方面，需要培养和调动学生运用所学知识解决实际问题的能力；在核心素养方面，需要通过对大气受热过程的学习，让学生树立人类与大气环境的协调意识，并通过对温室效应原理的应用，增强为生产和生活服务的意识，落实人地协调意识。通过运用本节课的重点图表材料，应当让学生能够说明相关的自然现象及其变化特点，培养学生的综合思维。通过让学生观察、识别、描述与大气有关的自然现象，培养学生运用实验、考察现象等能力，形成科学探究的意识，落实地理实践力。

课前问题导入时，教师以电视剧《闯关东》中人造烟雾防霜冻的视频导入问题，启发学生思考其中蕴含的原理。本部分的设计意图是采用一段小视频导入本节课的内容，让学生获得视、听全方位的感受，唤醒学习本节课的兴趣和探究欲望。同时，让学生意识到地理没有脱离生活，学好地理也可以更好地为生活服务。

本节课的学习目标包括：

(1)借助课本，说明大气对太阳辐射的削弱作用。

(2)通过自主学习和合作探究，理解大气的保温作用。

(3)运用原理解释生产生活中的一些现象。

(一)议题一：大气对太阳辐射的削弱作用

1.自主预习

教师补充内容：导学案添加两幅图片(见图 10-1 和图 10-2)。

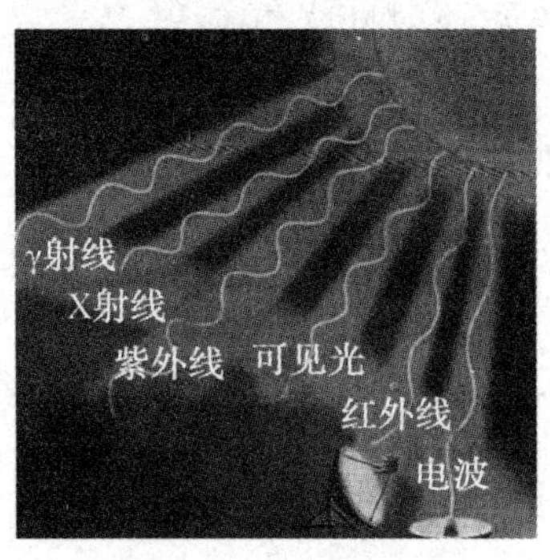

图10-1 太阳辐射

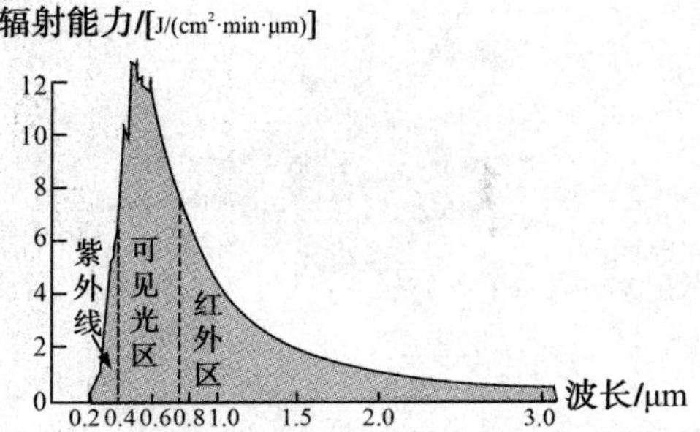

图10-2 各种辐射的波长范围

教师让学生阅读课本上的相关内容,思考大气通过哪些环节来削弱太阳辐射,各有何特点,具体表现如何。本部分内容课本篇幅甚少,且只有一幅图片,而大气对太阳辐射的削弱过程中涉及的吸收、散射作用又和不同波段的太阳辐射有关,所以添加了太阳辐射光谱分布图及太阳辐射随波长的分布图,以做好知识铺垫。之后,教师用三个问题引导学生更有目的地去完成探究学习,目标更明确,操作性更强。

2.自我验收

教师让学生通过预习,完成对大气削弱作用相关知识的梳理,完成下面的表 10-1。

表 10-1 对大气削弱作用相关知识的梳理

大气的削弱作用	特点	具体表现
吸收	有选择性	
散射		______最易被反射
反射	无选择性	

3.总结归纳

学生初步形成了本部分内容的基本知识脉络(见图 10-3),掌握了大气对太阳辐射的削弱作用包括吸收、散射、反射三个部分。其中,吸收环节在课本上讲解得比较详细,学生掌握得也比较到位,但对于散射作用存疑较多,从而导致学生的应用受阻,不能熟练地使用原理来解释地理现象。

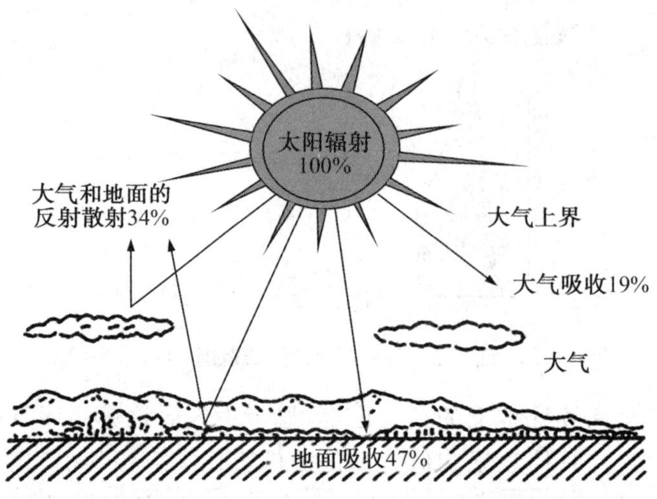

图 10-3　到达地面的太阳辐射

4.学贵有疑

教师补充散射作用的原理，让学生明确散射能使一部分太阳辐射被削弱，从而不能到达地面；而且大气的散射是具备选择性的，黎明、黄昏都与大气的散射有关（见图 10-4）。

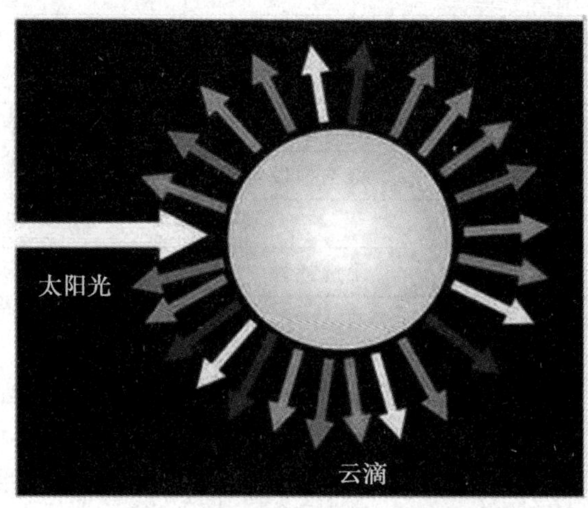

图 10-4　散射作用的原理

(二)议题二:大气的保温作用

1.自主预习

教师让学生探究课本上的相关内容,回答下列问题:

(1)地面的直接能量来源是什么?地面增温后产生什么?

(2)物体温度和辐射波长长短的关系如何?

(3)为什么说低层大气的主要热源是地面辐射?

(4)大气的保温作用是通过什么来实现的?

大气的保温作用是本节课的重点和难点之一,涉及地面辐射、太阳辐射、大气辐射等多个概念,所以教师用四个问题引导学生有目的地完成对本部分内容的探究。对于物体温度与波长的关系,学生是比较容易掌握的,但关键点在于要将其和三种辐射之间联系起来,所以在导学案中设计了表格,让学生明白三种辐射的波长特点,为后面的学习做好知识铺垫。

2.自我验收

教师推送"大气的保温作用"的验收习题:

1.根据预习内容,写出下图中字母所代表的含义。

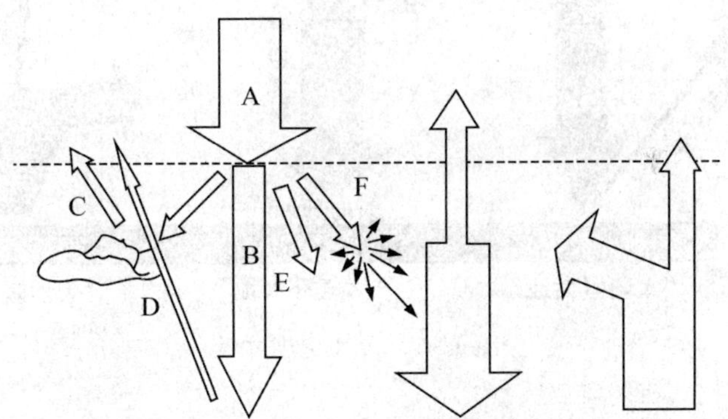

2.请看下面的"地球表面受热过程示意图",完成后面的问题。

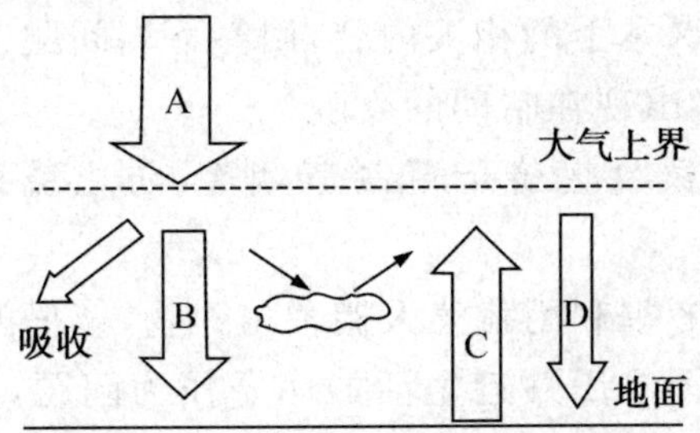

(1)图中字母代表大气逆辐射的是(　　)

A.A　　　B.B　　　C.C　　　D.D

(2)近地面大气的热量主要来自(　　)

A.A　　　B.B　　　C.C　　　D.D

(3)夜晚阴天比晴天气温高,是因为(　　)

A.A 辐射减弱　　　B.B 辐射增强　　　C.C 辐射增强　　　D.D 辐射增强

3.总结归纳

教师将以上内容总结归纳为下面的图 10-5。

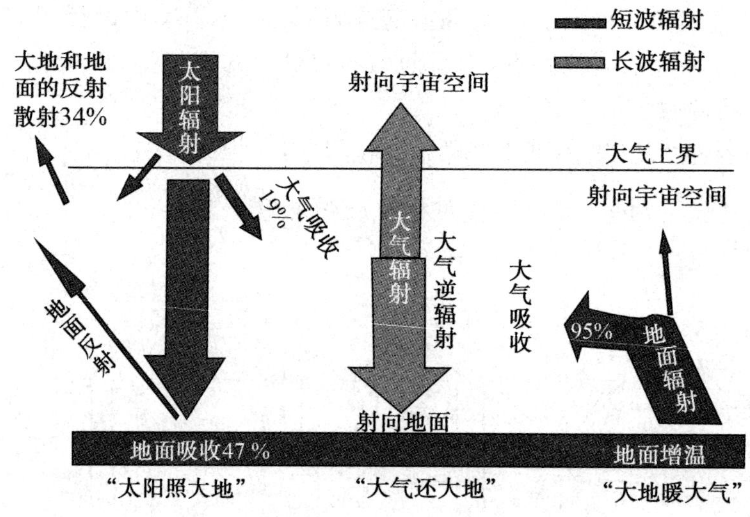

图 10-5　大气受热过程

(三)议题三:大气保温作用原理的应用

1.自主预习

教师让学生探究课本上的相关内容,回答下列问题:

(1)霜冻为什么多出现在晴朗的夜晚?

(2)深秋时节,农民会燃烧柴草制造烟雾,防止蔬菜遭受冻害,这是为什么?

(3)在我国北方,冬季利用蔬菜大棚种植作物,依据的是什么原理?

本部分的设计意图是用贴近生活的例子作为问题,启发学生进行思考,检验他们对知识的掌握情况及其灵活运用能力。

2.知识运用

地球上昼夜温差比较适中,而月球上白天的高温可达 127 ℃,夜晚会降至零下 183 ℃,教师请学生解释其原因,并绘制地球和月球的温差原理图。本部分的设计意图是让学生能够运用大气的受热原理解释自然现象,所以设计了如上内容,其既是对学生所学知识的强化巩固,也是对学生应用能力的检验。教师在让学生解释原理的同时动手绘制相应的原理图,落实综合思维和地理实践力等地理核心素养。

3.知识总结

教师让学生自主构建本框题的思维导图。以思维导图的形式来梳理总结本节课的内容,不仅能快速帮助学生强化记忆本节课的知识内容,而且能最大限度地发挥学生的主动性,激起学生的发散思维,使地理学习趣味化、知识系统化、记忆灵活化。

二、二次课堂学习导学案设计

通过细化问题、生生合作,教师让学生进一步理解大气受热过程的原理,并呈现下面两个问题:

(1)为什么说大气的直接热源是地面辐射?

(2)大气逆辐射只出现在夜晚吗?

同时展开如表 10-2 所示的合作探究:

表 10-2 关于大气辐射的合作探究

小组及成员	中心议题	小组成员讨论要点	总结归纳
	地面辐射是低层大气的主要热源		
	大气逆辐射是否仅出现在夜晚		

完成合作探究后,教师再给出下面的“错题再练”:

2021 年 1 月,济南出现大雾,能见度低,非常不便于道路交通和市民出行。浓雾天气能使能见度降低的原因之一是( )

A.地面辐射被浓雾吸收　　B.地面辐射被浓雾削弱

C.太阳辐射被浓雾削弱　　D.浓雾改变了太阳辐射的波长

教师通过生生互动探究,让学生明确大气保温作用强弱的影响要素,并用其解释常见的地理现象,同时给出问题:影响大气逆辐射强弱的要素有哪些？由此展开如表 10-3 所示的合作探究。

表 10-3 关于影响大气逆辐射的因素的合作探究

小组及成员	中心议题	案例	归纳总结
	影响大气逆辐射的因素	温室效应	
		青藏高原夜晚温度低	
		人造烟雾防霜冻	
		晴朗的夜晚温度低	

教师归纳总结影响太阳辐射的要素：二氧化碳、水汽、固体杂质、大气密度，然后给出下面的“错题再练”：

读下图，完成后面的问题。

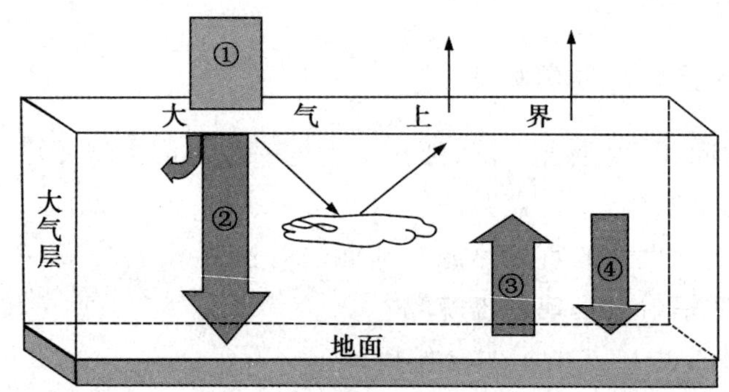

(1)用人造烟雾来防御霜冻的原理是(　　)

A.减弱①　　B.增强②　　C.减弱③　　D.增强④

(2)人类借助低碳经济和生活，能让图中变化明显的是(　　)

A.①增强　　B.②增强　　C.③减弱　　D.④减弱

教师再对学生展开拓展提升：地球上昼夜温差适中，而月球上白天的高温可达 127 ℃，夜晚会降至零下 183 ℃，请学生解释其原因，并重新绘制地球和月球的温差原理图。

三、二次备课设计

教师给出下面的问题导入：某人种了好几亩白菜，秋末，白菜长势喜人，但此人却有些犯愁，因为天气预报说未来两天气温较低，可能会发生冻害，若不采取措施，白菜会烂在地里。请同学们帮帮此人，为他想想办法，并说明理由。

相对于第一次的问题导入，本次问题导入采用情景创设的方式，但在问题的设计上转换了角度：相对于分析原理，本次的导入更侧重原理的应用，更能开放性地引导学生落实综合思维和地理实践力。

然后教师展开正式内容：低层大气的直接热源是地面辐射。学生在第一次预习后反馈的第一个疑惑点就是为什么大气吸收的太阳辐射少，而地面辐射是其主要的热源。教师可根据学生的认知特点，借助合作探究的形式，利用表格引导学生去探究，完成本部分内容的突破。通过合作探究、教师点拨等方式，让学生进一步理解大气受热过程的原理，搞清楚为什么近地面大气的直接热源是地面辐射。教师可通过小组合作的方式，借助表格工具，设置两个中心议题，让学生展开讨论，最后由小组代表分享，归纳总结成下面的表 10-4。

表 10-4　关于地面辐射的讨论

小组及成员	中心议题	小组成员讨论要点	总结归纳
	地面辐射是低层大气的主要热源		

完成上面的表格后，教师启发学生思考：如何运用原理来解释自然现象？大气的保温作用和哪些因素有关？学生在第一次预习后反馈的第二个疑惑点，就是在运用大气的受热过程原理分析现象的时候，为什么白天强调大气对太阳辐射的削弱作用，夜晚强调大气的保温作用。难道白天没有大气逆辐射吗？怎样准确运用？针对学生的这一疑惑点，可采用合作探究的方式，借助表格工具引导学生探究解惑。教师通过生生合作探究及师生活动，让学生明确影响大气保温作用的因素，并运用其原理解释一些自然现象。

教师通过小组合作的方式，借助表格工具，设置中心议题，借助四个具体案例，让学生展开讨论，分析导致这一案例的原因，最后由小组代表分享，归纳总结影响大气逆辐射的要素，完成下面的表 10-5。

表 10-5　影响大气逆辐射的要素

小组及成员	中心议题	案例	归纳总结
	影响大气逆辐射的要素	温室效应	大气吸收
		青藏高原夜晚温度低	射向宇宙空间
		人造烟雾防霜冻	射向地面
		晴朗的夜晚温度低	射向宇宙空间

完成表格后，教师进行课堂小结，如图 10-6 和图 10-7 所示。

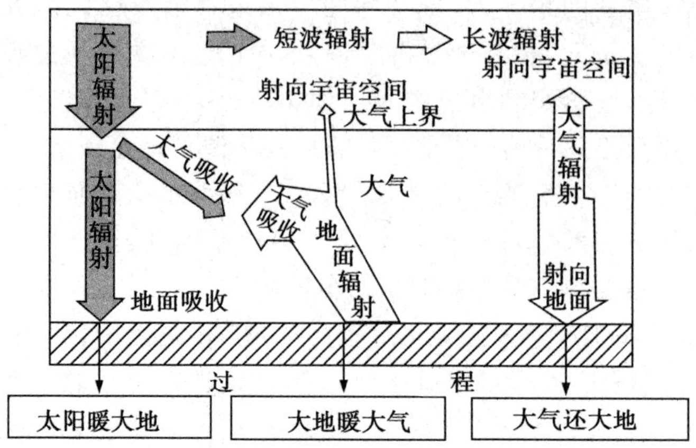

图 10-6　大气循环小结

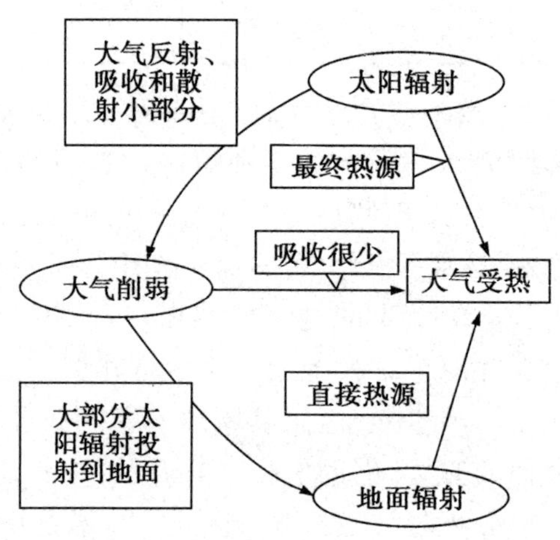

图 10-7　大气对辐射的影响小结

四、课堂小组合作学习设计

课堂小组合作学习能充分激起学生的求知欲和主动参与的意识。借助前面课堂小组合作学习的表格工具，可以让学生的探究学习更有目的性和操作性。教师借助生生合作、开启头脑风暴、师生互动等方式，让学生体验相互促进、一起答疑解惑的成就感和较强的学习能力。

五、课后拓展训练设计

教师先给出下面的材料：

分析霞现象的成因

霞是日出和日落前后天空和云层上出现的彩光，其成因在于太阳光经过大气层时，部分太阳光被尘埃、水汽或空气分子散射，剩下的余光到达地面。在日出和日落时分，由于太阳高度较低，太阳光线经过大气的路程较长，因此更多的蓝光、紫光被散射，到达地面的主要是红光、橙光。

然后，教师请学生思考下面两个问题：

(1)为什么太阳越接近地平线，朝霞和晚霞的颜色就越红？

(2)大气中水汽的含量决定了朝霞和晚霞的颜色，所以说朝霞和晚霞与天气有关系。俗语讲“朝霞不出门，晚霞行千里”，请观察并思考这句俗语的准确性。

本部分的设计意图是以学生可以观察到的身边的自然现象为研究案例，既检验了本节课的学习效果，又有利于让学生形成科学探究的思维意识，培养了学生的地理实践力。同时，也让学生真切地体会到了学习地理的终极目的就是为生活服务，学习对生活有用的地理。

六、自我反思

本节课的优点包括：

(1)课例的整体设计充分体现了“以学生为中心”，尤其是二次备课，切实从学生的学情出发，以学生存在的疑惑为切入点，突破了学生学习中的难点。

(2)问题的导入和设计既贴近生活，又有较强的探究性，可以引导启发学生的思考，提升学生运用知识解决生活问题的能力。

(3)课例中理论与实际相结合，为提升学生理解知识并灵活运用的能力服务，同时落实培养学生的地理思维和地理实践力。

本节课的不足包括：

(1)由于时间关系，小组合作部分没有给予学生更多的机会和时间展示。

(2)小组合作部分在评价机制上缺乏相应的量表。

七、专家点评

本课在设计上实现了从学生真正反馈的学情出发，以学生为课堂的主体开展学习。各环节的设计充分体现了"先学后教"的教学理念。课例设计围绕学习目标，从自主预习、自我验收、提出疑惑、二次备课、合作探究、归纳总结到课后习题拓展，环环相扣，层层深入，借助师生和生生的力量处理重点和难点。而且整节课问题的导入形式多样，内容丰富，既激发了学生的探究兴趣，又提升了学生解决问题的能力。

——曲培波（中学高级教师，资深教研组长，现任牟平第一中学副校长）

（山东省牟平第一中学　李红梅）

第二节　大气运动，风行天下

——以"大气圈与大气运动"为例

我国地理学家竺可桢说过："搞科学研究，不能用估计来代替观察。"如何让学生由浅入深地学习教材、设计实验、观察现象，既符合认知的规律，又能调动学生的积极性，真正做到"以学生为中心，以学习为中心"，是本节课所极力追求的。

本节课使用的教材版本是普通高中教科书《地理·必修一》第二单元第一节"大气圈与大气运动"，其主题为从地球圈层看地表环境。本单元共分三节课，分别从大气圈、水圈和生物圈的角度来学习地理环境。第一节"大气圈与大气运动"需要三课时，大气圈的组成与结构是本节课学习的基础，为第一课时；大气的运动是本节的重点，也是难点，为第三课时。

教材引导学生从"温度的变化→空气密度的变化→气压的变化→空气水平运动"这一思维过程展开分析，有利于学生理解。教材通过三个活动内容分析了海陆风和城市风的形成。本活动的目的是让学生学会解释生活中的地理现象，但是教材中相关背景材料提供较少，学生学习有一定困难。在教学过程中，教师可以提供海陆风和城市风的微视频。

教材通过三幅图来对比分析了大气的水平运动。风向的判读是本节难点，要结合物理知识来分析。学生要根据教材插图中风向与等压线之间的关系，自己尝试画图掌握。

本节课对学生来说学习难度较大，这一方面是因为大气运动中热力环流的成因分析与物理知识有关，例如气压、密度和摩擦力；另一方面是因为学生很难用大气运动的知识解决实际问题。对于海陆风、山谷风需要画图分析。若学生的动手能力较差，可在学习过程中多设计画图环节，培养他们的地理实践力。

一、课前一次自主预习导学案设计

根据地理课程标准，本节的内容要求细化为：

(1)运用示意图说明热力环流的原理。

(2)学会解释相关现象。

高考评价体系将高考考查的内容概括为四部分，核心价值重在"立德树人"。学科素养的核心是培养学生的综合品质，主要是解决问题的品质，关键能力之一就是实践操作能力，必备知识是在高中阶段需要掌握的自然地理和人文地理基本理论。据此，教师应该让学生多动手画图，并提高学生的综合思维能力。

教师可通过下面的方式进行问题导入：假如在牟平的养马岛上有一处海景房，销售办事处的广告说："在炎热的夏天，海风会助您进入梦乡。"对此，有人质疑说："养马岛夏天晚上吹海风吗？"教师请学生思考这个问题，自学本节课。本部分的设计意图是让学生主动思考研究，培养他们的地理实践力。

本节课的学习目标有以下三点：

(1)通过画图思考，让学生掌握热力环流的形成过程。

(2)通过自主学习教材和观看动画视频，让学生分析海陆风、城市风的形成过程。

(3)通过自主学习教材和受力分析，让学生学会判断风向的方法。

(一)议题一：热力环流的原理

教师让学生自主学习课本内容，读下面的图 10-8，完成后面的问题，并拍照上传到平板电脑上的讨论 1 区。

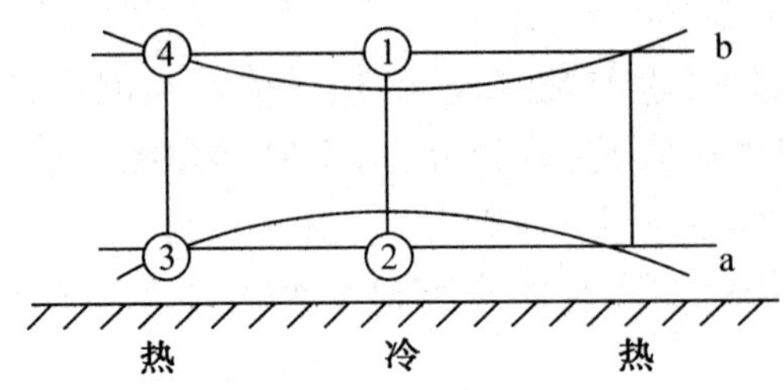

图 10-8　热力环流示意图

然后，教师提出下面的问题：

问题一：A 处加热后，空气的运动方向朝向哪里？A 处的气压中心是什么？

问题二：空气密度在 D 处的变化？D 处的气压中心是什么？

问题三：空气在 B 处冷却后如何运动？空气密度的变化？B 处的气压中心是什么？

问题四：C 处的空气密度如何变化？C 处的气压中心是什么？

问题五：在同一水平面上，空气的流动方向朝向哪里？

本部分的设计意图是通过逐步解决教师设计的问题，让学生明白热力环流原理，提高综合思维能力。

然后，教师要求学生完成下列内容，并拍图上传到平板电脑上的讨论 2 区。

(1)画出 A 和 B 之间的热力环流(见图 10-9)。

D　　　　　　C

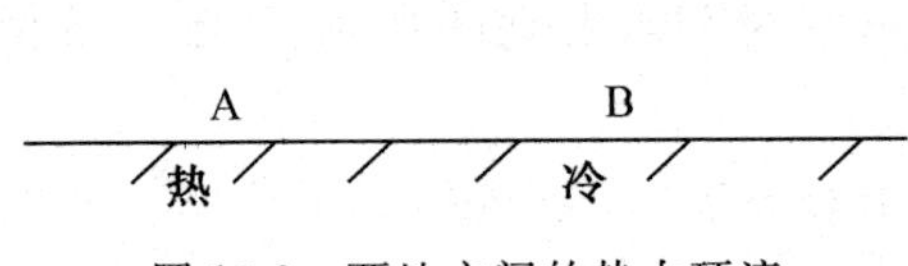

图 10-9　两地之间的热力环流

(2)试比较图中 A、B、C、D 四地的气压大小＿＿＿＿＿＿＿＿。

(3)请用黑笔画出近地面 AB 的等压面，再用红笔画出高空 CD 的等压面。

教师要求学生将答案输入平板电脑中，并提问：“冬季坐在教室门口的同学会觉得腿部受凉，请画出室内、门口、室外三地之间的热力环流图，并分析腿部受凉的原因。"然后，师生一起总结归纳热力环流的形成过程。最后，教师请学生设计一个小实验，用来说明热力环流的原理，并要求学生写出实验器材和操作过程，强调可操作性。

针对本部分预习内容，教师可让学生提出自己的疑问，可以在平板电脑上的讨论 2 区让学生开展生生讨论。本部分的设计意图是让学生真正掌握热力环流的过程，培养学生的综合思维能力。

（二）议题二：生活中的热力环流

教师让学生自主预习教材上的相关内容，观看动画视频，完成以下问题，并拍照上传到平板电脑上的讨论 3 区。

1.画出海洋与陆地之间的热力环流（见图 10-10）。

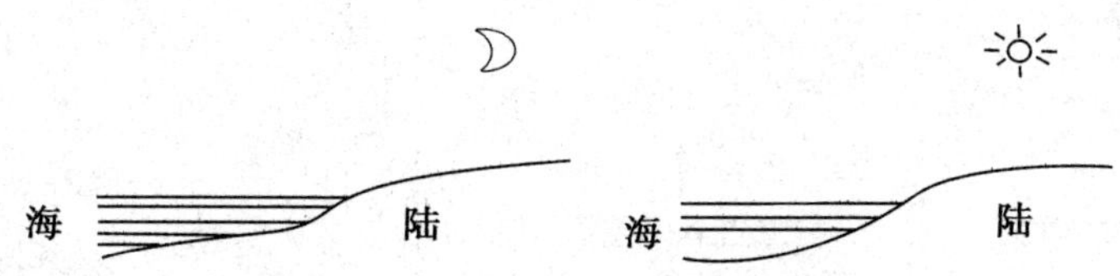

图 10-10　海洋与陆地之间的热力环流

思考：沿海地区白天的风向如何？这种风向产生的原因是什么？

2.画出城郊之间的热力环流（见图 10-11）。

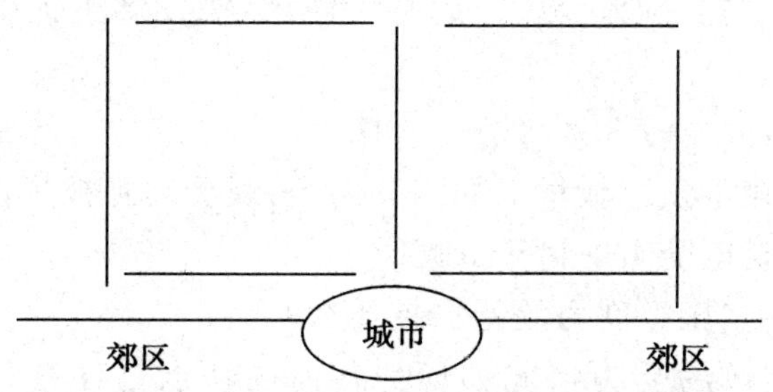

图 10-11　城市的市区与郊区之间的热力环流

思考：火力发电厂应建在热力环流圈______，绿化带应建在热力环流圈之______（填"内""外"）。

完成上述内容后，教师再要求学生完成以下问题，并拍照上传到平板电脑上的讨论 4 区。

1.画出山谷风(见图 10-12,提示:同一海拔高度的山坡与谷地的热力变化是关键)。

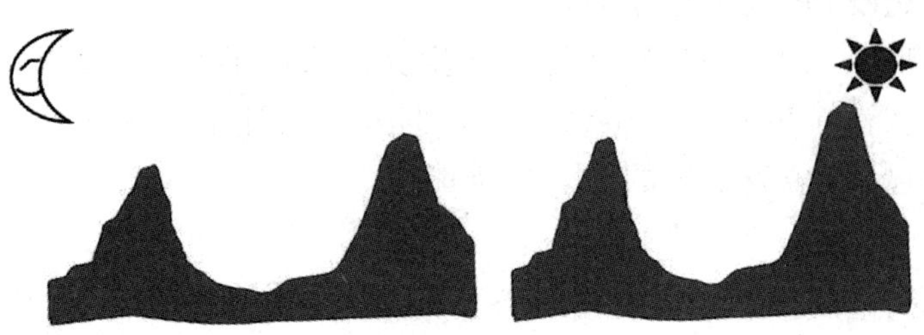

图 10-12　山谷风

2.下列热力环流图中,画法正确的是(　　)

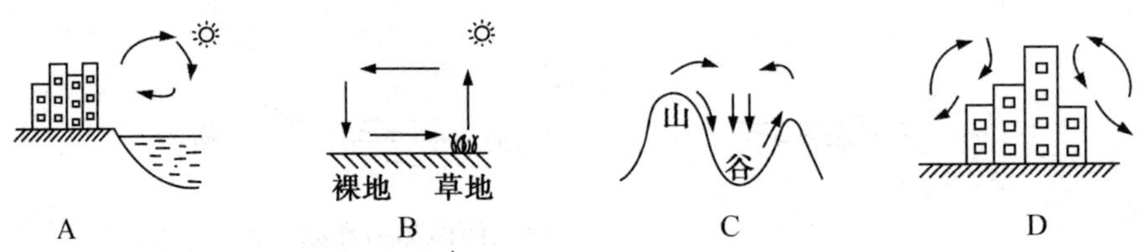

教师让学生对上述知识进行概括与梳理。针对本部分预习内容,学生可以提出自己的疑问,并在平板电脑上的讨论 2 区开展生生讨论。本部分的设计意图是通过让学生讨论交流,彼此答疑解惑,激发学生提出问题和解决问题的能力。

(三)议题三:大气的水平运动——风

教师让学生自主预习教材上的相关内容,观看动画视频,完成以下问题,并拍照上传到平板电脑上的讨论 5 区。

问题一:水平气压梯度力的特点是什么?

问题二:高空风的受力情况如何?各力的特点是什么?风向的特点是什么?

问题三:近地面的风向的特点是什么?其受力的影响如何?

然后,教师要求学生完成以下问题,并拍照上传到平板电脑上的讨论 6 区:

请画出图 10-13 中近地面 A、B 两地的风向,并比较两地风速的大小。

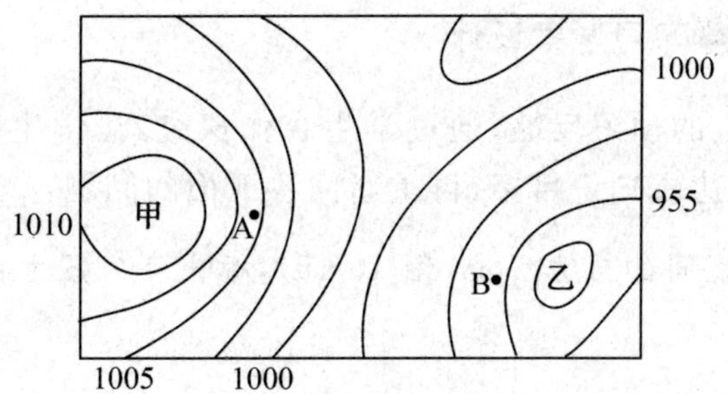

图 10-13　两地的风速和大小

本部分的设计意图是让学生从多方面分析影响风的因素，培养学生的综合思维能力。

完成上述内容后，教师要求学生完成以下问题，并拍照上传到平板电脑上的讨论 7 区。

读下面的图 10-14，完成后面的问题。

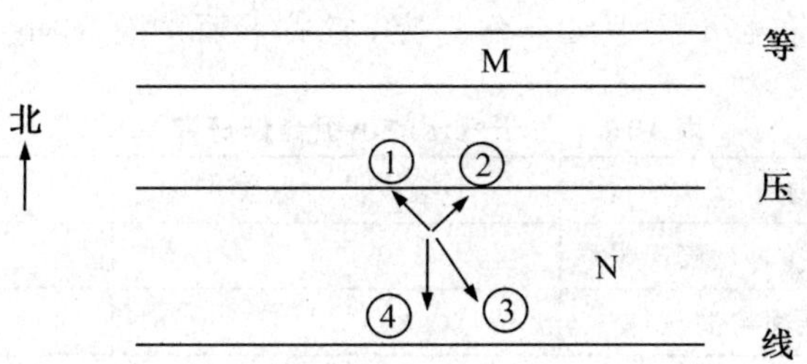

图 10-14　风向与等压线

(1)代表风向的符号是______，根据图中的风向标，判断风向为______。

(2)代表水平气压梯度力的符号是______，其方向为______、______。

(3)该图反映的是______(填“北”或“南”)半球的风向，风向应为______(填“近地面”或“高空”)。

(4)M、N 两地的风速中，较大的是______，理由是______。

完成上述内容后，教师让学生对知识进行概括与梳理，针对本部分预习内容，让学生提出自己的疑问，并在平板电脑上的讨论 8 区开展生生讨论。讨论完成后，让学生自主构建本节课的思维导图。本部分的设计意图是培养学生的综合思维能力这一学科素养。

二、二次课堂学习导学案设计

教师根据学生的预习反馈，通过学生合作探究，让学生判读气压大小和等压面弯曲特点，达成知识目标，再重新回答下面的问题：

1.画出A、B之间的热力环流（图10-15），标出空气压力的高低。

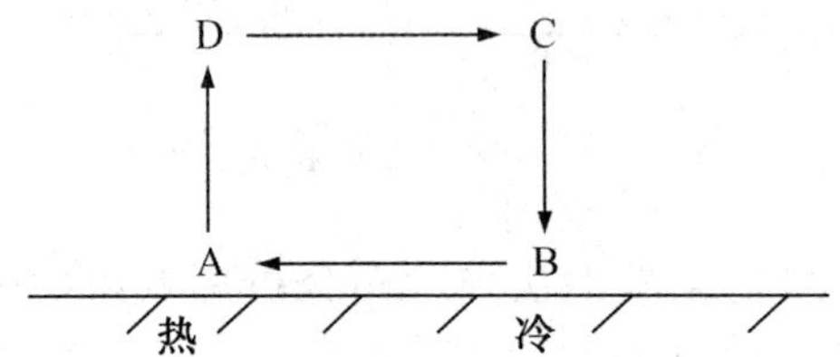

图10-15 两地之间的热力环流

（2）试比较图中A、B、C、D四地的气压大小。

（3）请用黑色笔画出近地面AB的等压面，再用红笔画出高空CD的等压面。然后，教师让学生开展小组合作探究，完成下面的表10-6。

表10-6 关于气压的小组合作探究

议题名称	小组成员讨论要点	总结
同一地点，近地面与高空两地气压关系		
不同气压中心等压面弯曲规律		

然后进入"错题再练"环节，教师重复之前的问题："冬季坐在教室门口的同学会觉得腿部受凉，请画出室内、门口、室外三地之间的热力环流图，并分析腿部受凉的原因。"

教师根据学生的预习反馈，通过画图分析、合作探究，提高学生对山谷风的分析能力，提高学生的地理实践力，并再次要求学生完成以下问题，画出山谷风（见图10-16）。

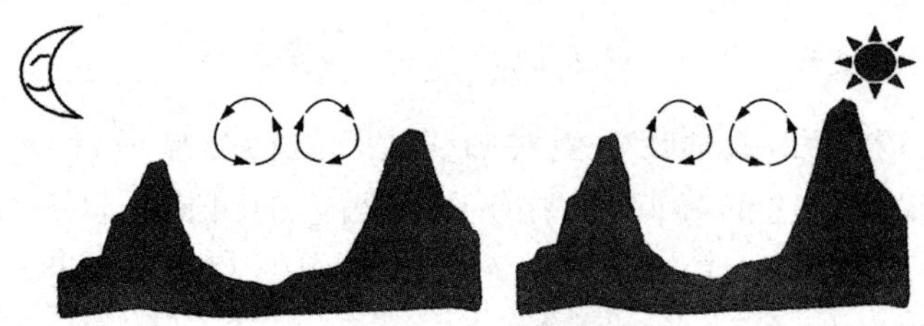

图10-16 山谷风

完成上述内容后，教师让学生开展小组合作探究，完成下面的表 10-7。

表 10-7　关于山谷风的小组合作探究

议题名称	小组成员讨论要点及原因	总结
山坡与谷地的热力差异		
山谷风白天和夜晚的风向		

然后进入“错题再练”环节，教师重复之前的问题：

(1)下列热力环流图中，画法正确的是(A)

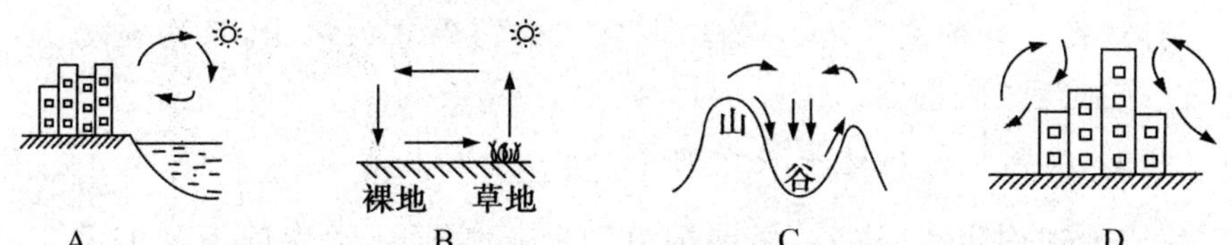

教师根据学生的预习反馈情况，通过画图分析和合作探究，熟练判断某地近地面的风向，提高地理综合思维。为此，可让学生认真画出下图中 A、B 两地的风向(近地面)，比较两地风速大小。

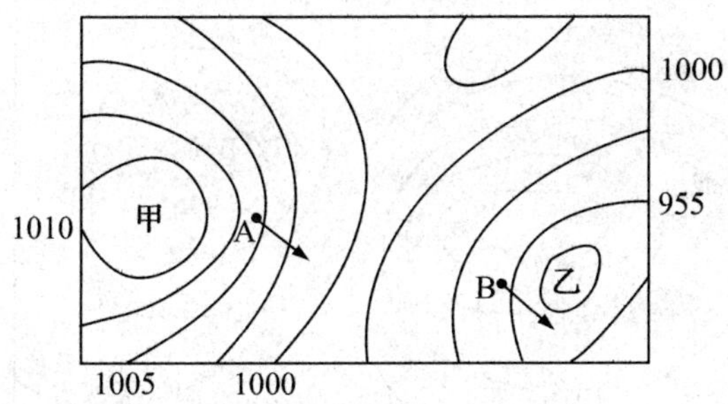

然后，教师让学生开展小组合作探究，完成下面的表 10-8。

表 10-8　关于近地面风的小组合作探究

议题名称	小组成员讨论要点	总结
等压线图中如何画水平气压梯度力		
北半球如何画近地面风向		

然后进入“错题再练”环节，教师重复之前的问题：下图为某地等压线图，让学生认真观察大气的受力和风向，回答后面的问题。

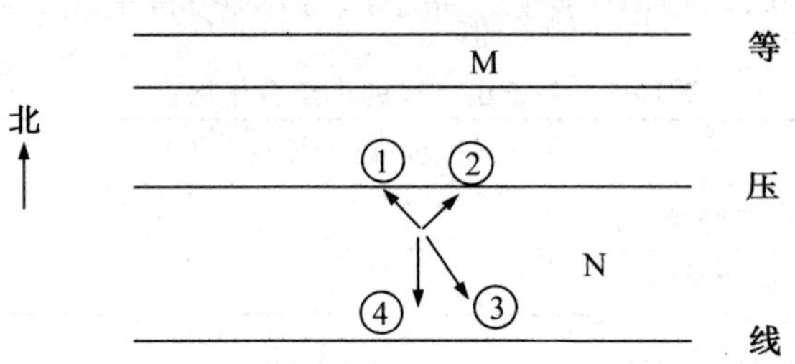

(1)代表风向的符号是______，根据图中的风向标，判断风向为______。

(2)代表水平气压梯度力的符号是______，其方向为______、______。

(3)该图反映的是______(填“北”或“南”)半球的风向，风向应为______(填“近地面”或“高空”)。

(4)M、N 两地的风速中较大的是______，理由是______。

完成上述内容后，进入“拓展提升”环节，教师让学生读下面的北半球某地图，回答后面的问题。

(1)图中 A、B、C、D 四个箭头中，表示风向正确的是(　　)

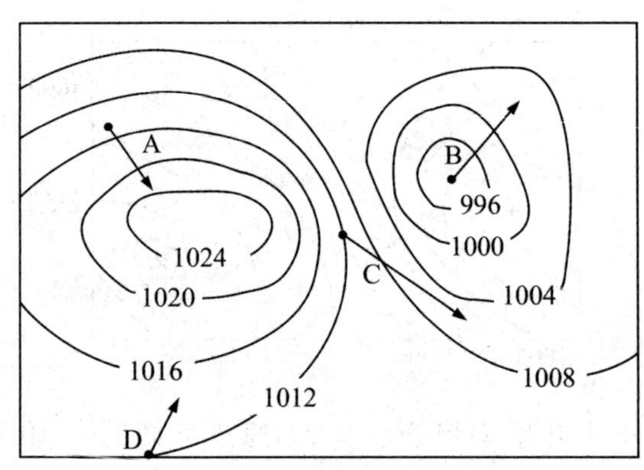

(2)图中 A、B、C、D 四处中，风力最大的是(　　)

A.A　　B.B　　C.C　　D.D

三、二次备课设计

教师先进行如下的问题导入：2020 年 4 月底，寒潮袭击了我国大部分地区。据估测，本次冻害共造成陕甘地区苹果减产 290 万吨，樱桃花和幼果也受冻造成减产。当地的果农观察发现，山坡上果树的霜冻轻一些，而山下谷地里和洼地中霜冻特别严重。由此引导学生思考问题:为什么谷地比山坡上霜冻严重?并让学生带着问题学习本节课。本部分的设计意图是让学生真正掌握热力环流的过程,培养学生的综合思维能力。

教师根据一次预习学案中学生出现的问题,让学生开展合作探究,争取让学生能够自己解决困惑。通过让学生开展合作探究,可以让学生知道如何判读气压大小和等压面弯曲特点,解决一次导学案中存在的问题,并通过小组合作,完成表 10-9 中的问题,最后由小组代表分享。

表 10-9 风与气压的关系

议题名称	小组成员讨论要点	总结
同一地点,近地面与高空两地气压的关系	1.气压大小与空气密度的关系 2.比较近地面与高空空气密度的大小关系	同一地点,近地面气压大于高空气压
不同气压中心等压面的弯曲规律	动手画高压中心等压面 动手画低压中心等压面	高压中心等压面向高处弯曲,低压中心等压面向低处弯曲

本部分的设计意图是通过学生合作探究,总结判读气压大小和等压面弯曲特点的技巧。然后根据一次预习学案中的问题,通过画图分析、合作探究,提高学生的地理实践力。通过学生合作探究,解决一次导学案中存在的问题,让学生自己弄懂山谷风的形成过程,并通过小组合作,完成表 10-10 中的问题,最后由小组代表分享。

表 10-10 山谷风的形成过程

议题名称	小组成员讨论要点及原因	总结
山坡与谷地的热力差异	白天山坡与谷地增温快慢 夜晚山坡与谷地降温快慢	山坡增温快,降温快 山谷增温慢,降温慢
山谷风白天和夜晚的风向	白天山坡与同海拔谷地的气压差异	白天谷风,夜晚山风

本部分的设计意图是提高学生的合作能力,通过有梯度的问题设置来降低难度。

完成上述内容后,教师再提问:"为什么谷地比山坡上霜冻严重?"本部分的设计意图是通过案例分析,让学生对本部分内容产生能力和情感上的升华,培养学生的人地协调观。

教师根据一次预习学案中学生暴露的问题，通过画图分析和合作探究，让学生能够熟练判断某地近地面的风向，提高地理综合思维，并通过学生合作探究，掌握近地面风向的判读技巧，解决一次导学案中存在的问题。可以让学生开展小组合作，完成表 10-11 中的问题，最后由小组代表分享。

表 10-11　等压线与风向

议题名称	小组成员讨论要点	总结
等压线图中如何画水平气压梯度力	确定某地两侧气压值的大小	与等压线垂直，由高压指向低压
北半球如何画近地面风向	三力作用下风向与等压线的关系	在水平气压梯度力的基础上向右偏 30°左右

本部分的设计意图是提高学生的合作能力，通过解决有梯度的问题掌握这一知识点。

完成小组合作后，教师展示在预习导学案中优秀的课堂小结，让学生自主纠正或者调整自己的课堂小结(见表 10-12)。

表 10-12　课堂小组合作学习小结

议题名称	小组成员讨论要点及原因	总结
山坡与谷地的热力差异	白天二者增温差异 夜晚二者降温差异	山坡增温快，降温快 山谷增温慢，降温慢
山谷风白天和夜晚的风向	白天和晚上山坡和谷地的气压差	白天谷风，夜晚山风

操作流程：各小组成员先自主思考，写下自己的观点，然后展示各自的观点，共同探讨；对一致同意的要点补充写在表格中，对错误的要点要进行改正。最后规范语言，总结本小组的观点。这样做的优势一是先让学生充分自主思考，然后合作探究，提高团队精神；二是提高了学生的语言归纳能力。

四、课后拓展训练设计

教师展示下面的拓展材料：

四川、西藏、贵州的许多河谷、盆地地形中，夜雨非常多。青海柴达木盆地东部和湟水河谷上游等地夜雨率都超过了 70%；在西藏拉萨、河谷走廊的敦煌、马海一带，夜雨率更是超过了 80%。

给出材料后，让学生思考：谷地为什么多夜雨？本部分的设计意图是让学生对本知识点有一个能力和情感上的升华，有利于培养学生的人地协调观。

五、自我反思

本节课的优点主要有：

(1)本节课以学生为主体，学生能够在生活情境中学会应用热力环流的原理。

(2)学生多次动手画海陆风和山谷风图，有利于培养学生的地理实践力。

(3)通过案例分析，让学生对本节知识有能力、情感上的升华，有利于培养学生的人地协调观。

本节课的不足主要有：

(1)整个教学设计容量较大，授课时间紧张，学生缺少消化的时间。

(2)学生设计的小实验多停留在理论阶段，应该鼓励学生把实验引进课堂，大胆操作。

六、专家点评

本节课的课程设计是在分析了高考评价体系和地理课程标准的基础上进行的，力求提高学生的地理核心素养；让学生动手进行画图分析，充分调动了学生的积极性。本节课的教学设计体现了“以学习为中心”的思想，通过问题引领，由浅入深，层层递进，让学生通过自主学习解决问题；通过对一次导学案中学生存在的问题进行二次备课，体现了“以学习为中心”的教学理念，有助于提升学生的学习能力。

——贺业利（中学高级教师，牟平一中地理学科资深教研组长）

（山东省牟平第一中学　徐平平）

主要参考文献

[1]易中天.帝国的惆怅[M].上海:文汇出版社,2005.

[2]朱光潜.朱光潜讲美学[M].南京:凤凰出版社,2011.

[3]李洪岩.诗歌朗诵技巧[M].北京:中国广播电视出版社,2012.

[4]富兰.变革的挑战——学校改进的路径与策略[M].北京:北京大学出版社,2013.

[5]吴相钰,陈守良,葛明德,等.普通生物学[M].4版.北京:高等教育出版社,2014.

[6]张丽萍,杨建雄.生物化学简明教程[M].5版.北京:高等教育出版社,2015.

[7]杨宽.古史新探[M].上海:上海人民出版社,2016.

[8]陈佑清.学习中心教学论[M].1版.北京:教育科学出版社,2019.

[9]丁明孝,王喜忠,张传茂,等.细胞生物学[M].5版.北京:高等教育出版社,2020.

[10]王汉刚.论教师的终身学习[J].教育教学论坛,河北教育出版社,2011,(35):204-205.

[11]裴娣娜.新高考制度下深化普通高中课程改革的几个问题[J].中小学管理,2015,(6):4-6.

[12]陆志平.新课程、新高考与教学改革[J].教育科学论坛,2016,(2):3-6.

[13]裴晓.高考制度改革视域下我国普通高中课程结构构建[J].亚太教育,2016,(9):58-59.

[14]章建跃.核心素养统领下的数学教育变革[J].数学通报,2017,56(4):1-4.

[15]杨春芳.新高考背景下深化课程改革的制约因素分析——基于天津

市新高考改革方案的思考[J].天津市教科院学报,2018,(6):18-21.

[16]朱立明,胡洪强,马云鹏.数学核心素养的理解与生成路径——以高中数学课程为例[J].数学教育学报,2018,27(1):42-46.

[17]樊杰,于玉和,吴兰红.基于“学为中心”的高中物理课堂构建[J].物理教学,2019,41(10):11-14.

[18]林伟.新课改下高中物理高效课堂教学的构建思考[J].课程教育研究,2019,(34):179-180.

后　记

经过历时将近一年的案例征集、结构编排和编辑校对工作,《普通高中“学习中心式”课堂教学实践探索》一书终于得以付梓出版。在本书的成书过程中,得到了烟台市教育局、烟台市教育科学研究院等单位的高度重视和大力支持,于福、高晓君、李琳、林晓、孙芳、王春燕、张红、付娜、张真真、李小静、苏诗桐、杨秀丽、张敏、李志宏、赵秀芹、李宏燕、李敏、孔庆萍、贺宝红、李红梅、徐平平等诸多同志为本书热忱撰写过文字、修改过稿件或提供过资料,在此对上述同志表示深深的谢意。

诚如笔者在本书前言中所述,以学习为核心的“学习中心式”课堂教学实践还在不断的探索之中,因为条件所限且限于篇幅,书中的很多课堂环节、案例资料和教学内容也有欠详尽。同时,囿于编著者自身的水平,书中难免存在很多疏漏和错误之处,在此特恳请广大读者批评指正。

李丽云

2021 年 5 月